Grammar and Vocabulary Exercises

Dianne B. Hopen

Diana Moen

Editor
Sarah Vaillancourt

EMC/Paradigm Publishing, Saint Paul, Minnesota

Credits

Senior Editor
Sarah Vaillancourt

Associate Editor
Diana Moen

Production Specialists
Michelle Lewis; Erica Tava

EMC/Paradigm World Language Consultants
Robert Headrick
Dana Cunningham

ISBN 0-8219-2261-0

Published by EMC/Paradigm Publishing
875 Montreal Way
St. Paul, Minnesota 55102
800-328-1452
www.emcp.com
E-mail: educate@emcp.com

Printed in the United States of America
11 12 13 14 15 XXX 11 10 09

CONTENTS

C'EST À TOI!
Level Two

Unité 1   *Les fêtes*

Leçon A

Present tense of regular verbs ending in -er, -ir and -re

Do you remember the forms of regular **-er, -ir** and **-re** verbs?

travailler (*to work*)

je	travaille	nous	travaillons
tu	travailles	vous	travaillez
il/elle/on	travaille	ils/elles	travaillent

finir (*to finish*)

je	finis	nous	finissons
tu	finis	vous	finissez
il/elle/on	finit	ils/elles	finissent

Here are some other regular **-ir** verbs that follow the same pattern as **finir**.

choisir = *to choose*
grossir = *to get fat, to gain weight*
maigrir = *to get thin, to lose weight*
obéir = *to obey*
punir = *to punish*
remplir = *to fill (out)*
réussir = *to succeed, to pass (a test)*

perdre (*to lose*)

je	perds	nous	perdons
tu	perds	vous	perdez
il/elle/on	perd	ils/elles	perdent

Here are some other regular **-re** verbs that follow the same pattern as **perdre**.

descendre = *to go down*

entendre = *to hear*

rendre = *to hand in, to return*

répondre = *to answer*

1 Before you do activities in which you write verb forms, complete the following sentences with the appropriate subject pronouns.

1. Martine et moi, _________________ aimons faire du vélo.

2. Jean-Claude? _________________ invite ses amis à une boum.

3. Tiens! _________________ présentes ta cousine à Claude?

4. Delphine et toi, est-ce que _________________ marchez à la piscine?

5. Moi, _________________ commence les devoirs après le dîner.

6. Philippe et Dikembe? _________________ étudient l'anglais.

7. _________________ habites aux États-Unis, n'est-ce pas?

8. Brigitte et Marie-Andrée? _________________ trouvent la vidéocassette dans le salon.

2 Sylvie is having a New Year's Eve party. To tell what everyone is doing, complete the following sentences with the appropriate form of the indicated verb.

1. (écouter)   J'_________________ de la musique avec mes amis.

2. (manger)   Marc et moi, nous _________________ de la pizza.

3. (travailler)   Les parents de Sylvie _________________ dans la cuisine.

4. (regarder)   Magali et toi, vous _________________ les photos de vacances.

5. (arriver)   Serge _________________ à 22h15.

6. (présenter)   Sylvie _________________ ses parents à ses amis.

7. (danser)   Toi, tu _________________ avec Marie-France.

8. (décider)   Tout le monde _________________ de partir à 1h00.

3 To complete each sentence, choose the most logical verb from the list below and write its appropriate form. Use each verb only once.

finir   **GROSSIR**   **réussir**

remplir   **obéir**

choisir   **maigrir**   **PUNIR**

1. Robert et Albert mangent beaucoup de tartes et ils _______________________.

2. Nous _______________________ nos chèques de voyage à la banque.

3. Au centre commercial je _______________________ un ensemble bleu.

4. Parce que tu ne manges pas beaucoup, tu _______________________.

5. Notre chien _______________________ seulement à mon père.

6. La prof de musique _______________________ l'élève méchant.

7. Angèle et toi, vous _______________________ à l'interro de chimie.

8. Claudette et Renée? Elles _______________________ les devoirs de maths à 8h00.

4 | Help Michelle review **-re** verbs for her upcoming French test by completing her sentences. Choose the most logical verb from the list below and write its appropriate form. You will use one verb twice.

perdre

attendre

répondre

vendre

entendre

RENDRE

descendre

1. En France, on _________________________ des baguettes à la boulangerie.

2. Les Tourneur ne _________________________ pas au téléphone après 22h00.

3. À 7h00 j'_________________________ le bus devant la maison.

4. Est-ce que tu _________________________ les oiseaux le matin?

5. Parce que Salim a mal à la gorge, il ne _________________________ pas pour aller à l'école.

6. Nous _________________________ trois à cinq.

7. Paulette et toi, vous _________________________ vos devoirs au prof d'histoire.

8. Je _________________________ mon vélo parce qu'il est vieux.

5 | Céline's postcard got smudged during her winter holiday, and all the verb forms disappeared! Choose the most logical verb from the list below and write its appropriate form to complete the missing information.

adorer   grossir   rentrer

désirer   skier

finir   téléphoner   PORTER

attendre   acheter   vendre

Chère Béatrice,

   J'_____________________ les vacances d'hiver! Nous _____________________ dans les Laurentides. Je _____________________ un nouvel anorak violet. Mes parents _____________________ de jolis cadeaux pour mon frère et moi. Je _____________________ parce qu'il y a une bonne pâtisserie près de l'hôtel. Ils _____________________ des gateaux excellents. Nos vacances _____________________ dans une semaine et nous _____________________ à Québec. J'_____________________ l'école avec impatience parce que je _____________________ voir mes amis. Est-ce que tu _____________________ souvent à Luc?

                    Grosses bises,

                    Céline

POUR TOI

Possessive adjectives

	Masculine	Feminine (before consonant)	Feminine (before vowel)	Plural
my	mon	ma	mon	mes
your	ton	ta	ton	tes
his, her, one's, its	son	sa	son	ses
our	notre	notre	notre	nos
your	votre	votre	votre	vos
their	leur	leur	leur	leurs

Remember that a possessive adjective agrees with the noun that follows it.

C'est **mon** cahier. C'est **ma** trousse.

---

6 Tell what everyone is selling at the garage sale by completing the following sentences with the appropriate possessive adjectives.

1. Carole vend _________________ livres.

2. Vous vendez _________________ micro-onde.

3. Paul et Pierre? Ils vendent _________________ poissons rouges.

4. M. Malherbe vend _________________ ordinateur.

5. Toi, tu vends _________________ jean.

6. Nous vendons _________________ nappe.

7. Je vends _________________ cassette de Céline Dion.

8. M. et Mme Lassalle vendent _________________ voiture.

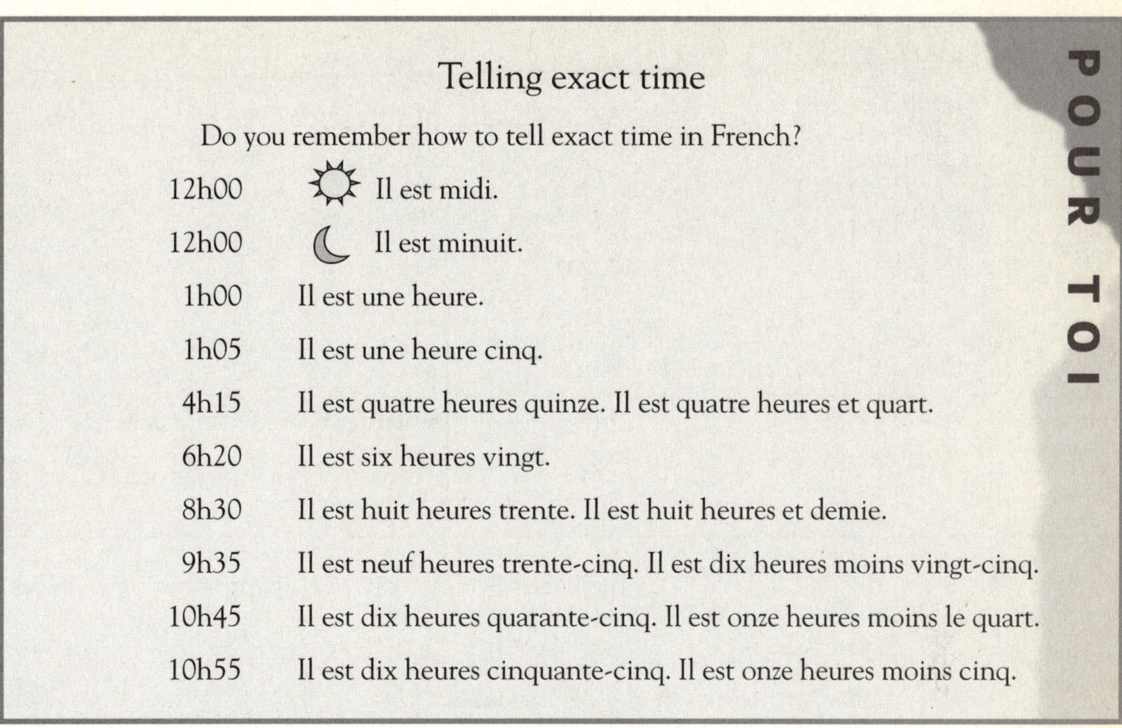

7 | Write out the time that Jean-Luc does the following activities one day during his spring break.

9h05	prendre le petit déjeuner
10h00	nager
11h15	préparer le déjeuner
12h00	manger avec sa sœur
1h30	regarder un film
3h50	écouter des CDs
4h45	faire du footing
5h55	jouer au basket
6h20	rentrer

Modèle: Il prend le petit déjeuner à *neuf heures cinq*.

1. Il regarde un film ____.

2. Il rentre ____.

3. Il écoute des CDs ____.

4. Il nage ____.

5. Il joue au basket ____.

6. Il prépare le déjeuner ____.

7. Il fait du footing ____.

8. Il mange avec sa sœur ____.

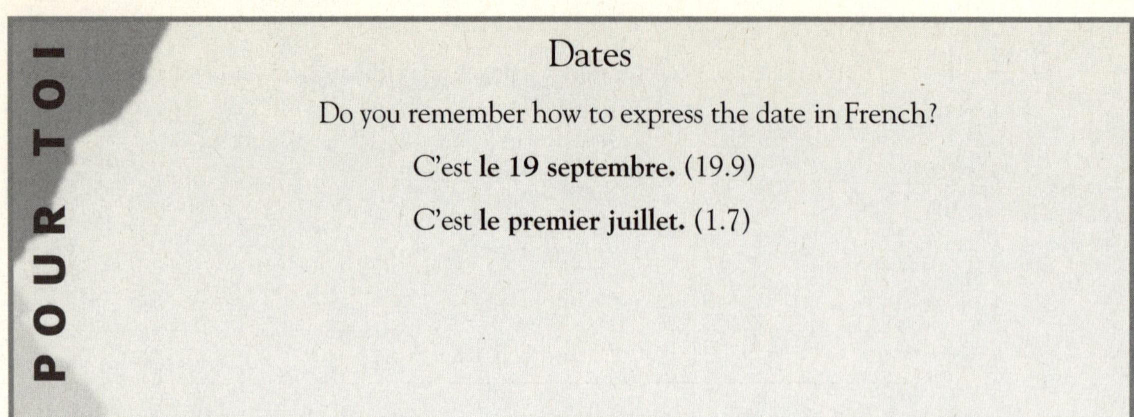

8 Write the date in French for the birthdays of people who are important to Clément.

1. L'anniversaire de son grand-père est ________________________. (February 28)

2. L'anniversaire de son ami Alexandre est ________________________. (March 1)

3. L'anniversaire de sa tante est ________________________. (April 19)

4. L'anniversaire de son cousin est ________________________. (May 16)

5. L'anniversaire de son oncle est ________________________. (June 25)

6. L'anniversaire de sa mère est ________________________. (August 4)

7. L'anniversaire de son frère est ________________________. (October 13)

8. L'anniversaire de son amie Gilberte est ________________________. (December 21)

9 | Write the date and time each world traveler is arriving at Roissy-Charles de Gaulle airport outside of Paris.

Modèle: Wolfgang: 16.2/10h10
         Wolfgang arrive le seize février à dix heures dix du matin.

1. Heather: 9.1/14h22

____

____

2. Juan: 17.3/23h05

____

____

3. Isabella: 26.5/8h40

____

____

4. Bengt: 15.6/10h55

____

____

5. Gong: 3.7/13h45

____

____

6. Anneke: 24.8/15h15

____

____

7. Hatsuo: 2.9/20h30

____

____

8. Dusan: 27.11/22h52

____

____

Leçon B

POUR TOI

Present tense of the irregular verbs **aller** and **être**

Do you remember the forms of the verbs **aller** (*to go*) and **être** (*to be*)?

aller

je	vais	nous	allons
tu	vas	vous	allez
il/elle/on	va	ils/elles	vont

être

je	suis	nous	sommes
tu	es	vous	êtes
il/elle/on	est	ils/elles	sont

10 | Everyone in Quebec is going some place different this weekend. Complete each sentence with the appropriate form of the verb **aller**.

1. Emmanuelle et moi, nous ___________________ au fast-food.

2. La grand-mère d'André ___________________ à Notre-Dame-des-Victoires.

3. Michèle et son amie ___________________ au Carnaval.

4. Les garçons? Ils ___________________ au stade.

5. Florence et toi, vous ___________________ au cinéma.

6. Le père de Paul? Il ___________________ au supermarché.

7. Moi, je ___________________ à la pâtisserie.

8. Tu ___________________ chez Marcel pour étudier.

11 | Based on what they are doing, tell where people are. Write a sentence with the appropriate form of the verb **être** and the best choice from the list below.

> à la bibliothèque   à la plage
> à la pâtisserie
> en boîte   à la charcuterie
> au musée
> dans la cuisine   à la banque
> au centre commercial

Modèle: Je touche des chèques de voyage.
Je suis à la banque.

1. Lamine choisit une tarte aux pommes.

   ____

2. David et moi, nous étudions.

   ____

3. Mes amis achètent des baskets.

   ____

4. Toi, tu nages.

   ____

5. Je fais une omelette.

   ____

6. Mahmoud achète du saucisson.

   ____

7. Caroline et toi, vous regardez des tableaux.

   ____

8. Les amies de Karine dansent.

   ____

12 | Tell where certain tourists are and where they are going. In the first blank write the appropriate form of **être**; in the second blank write the appropriate form of **aller**.

1. Vous _________________ à Belfort. Vous _________________ voir la statue le *Lion de Belfort*.

2. Normand et Valérie _________________ à Paris. Ils _________________ au Louvre.

3. Moi, je _________________ à Québec. Je _________________ au Carnaval.

4. Ma prof de français _________________ en Côte-d'Ivoire. Elle _________________ à Abidjan.

5. Tu _________________ au Maroc. Tu _________________ à Rabat.

6. Maman et moi, nous _________________ à La Rochelle. Nous _________________ au port.

7. L'oncle de Didier _________________ à Paris. Il _________________ au cimetière du Père-Lachaise.

8. Mes cousines _________________ au Sénégal. Elles _________________ à Dakar.

POUR TOI

De and à + definite articles

Do you remember how **de** and **à** combine with **le** and **les**?

de	+	le	=	du		
de	+	les	=	des		

à	+	le	=	au
à	+	les	=	aux

---

13 | Tell what sites in Paris tourists are returning from when they go back to their hotel.

Modèle: Benjamin/le musée Rodin
Benjamin revient du musée Rodin.

1. Mme Touret/les Champs-Élysées

   ____

2. Mon prof de français/le Centre Pompidou

   ____

3. Laurent/l'avenue de l'Opéra

   ____

4. Ariane/la Défense

   ____

5. M. Vassy/les Invalides

   ____

6. Sandrine/le Drugstore

   ____

7. Le beau-père de Théo/la tour Eiffel

   ____

8. Zohra/les Tuileries

   ____

14 Tell where people are going by choosing the most appropriate location from the list. Remember to use **à la, à l', au** or **aux** in each sentence you write. Use each location only once.

> le parc   les boutiques   le musée d'art   l'école
> les concerts   la piscine
> le cabinet du vétérinaire

Modèle: Djamel aime faire du footing.
              Djamel va au parc.

1. Vincent aime nager.

   ____

2. Ma tante aime l'art moderne.

   ____

3. Nadia aime le shopping.

   ____

4. La mère d'Abdoul aime la musique classique.

   ____

5. Jamila aime les chiens.

   ____

6. Patricia aime voir ses amis.

   ____

POUR TOI

Agreement and position of adjectives

Most masculine adjectives add an **e** to form the feminine.

un informaticien **américain**   une informaticienne **américaine**

Masculine adjectives ending in **-e** do not change in the feminine.

un élève **égoïste**   une élève **égoïste**

Masculine adjectives ending in **-eux** change to **-euse** in the feminine.

un ami **généreux**   une amie **généreuse**

Masculine adjectives ending in **-er** change to **-ère** in the feminine.

le **premier** jour   la **première** date

Some masculine adjectives double the final consonant and add an **e** in the feminine.

un monument **italien**   une tour **italienne**

Note the feminine forms of the following adjectives.

Masculine	Feminine
blanc	blanche
bon marché	bon marché
frais	fraîche
long	longue
marron	marron
orange	orange
super	super
sympa	sympa

The adjectives **beau**, **nouveau** and **vieux** have irregular forms before a masculine noun beginning with a vowel sound and in the feminine.

Masculine	Masculine before a Vowel Sound	Feminine
beau	bel	belle
nouveau	nouvel	nouvelle
vieux	vieil	vieille

Although most adjectives follow the nouns they describe, short adjectives expressing beauty, age, goodness and size ("bags") come before the nouns. These adjectives include **beau**, **joli**, **nouveau**, **vieux**, **bon**, **mauvais**, **grand** and **petit**.

15 Complete the following sentences with the appropriate form of the indicated adjective.

1. Christophe est ________________________. (timide)

2. Angèle et Martine sont ________________________. (diligent)

3. Delphine est ________________________. (généreux)

4. Manu et Fabrice sont ________________________. (bête)

5. Renée et Patrick sont ________________________. (intelligent)

6. Diane est ________________________. (bavard)

7. Nathalie et Jeanne sont ________________________. (méchant)

8. Étienne est ________________________. (égoïste)

16 Identify the nationalities of the following foreign exchange students based on the country they come from.

Modèle: Jean-Pierre et Guillaume viennent de Côte-d'Ivoire.
Jean-Pierre et Guillaume sont ivoiriens.

1. Yasmine et Laïla viennent de Tunisie.

   ____

2. Juan et Guillermo viennent du Mexique.

   ____

3. Loan (f.) vient du Vietnam.

   ____

4. Julien vient de France.

   ____

5. Heidi et Steffi viennent d'Allemagne.

   ____

6. Camilla vient d'Angleterre.

   ____

7. Carlos vient d'Italie.

   ____

8. Pablo et Rafael viennent d'Espagne.

   ____

17 | Rearrange the words to form logical sentences. Be sure to make the adjectives agree with the nouns they describe.

Modèle: un/c'est/soupe/français/bon
C'est une bonne soupe française.

1. cuisinier/bon/frais/prépare/le/salade/un

   ____

2. joli/portent/jupes/Sophie/Fatima/de/court/et

   ____

3. élèves/mauvais/Abdou/sont/bavard/et/Nicolas/de

   ____

4. japonais/M. Jestin/voiture/un/petit/achète

   ____

5. Caraty/les/maison/grand/habitent/dans/gris/un

   ____

6. ordinateur/vieux/David/a/américain/un

   ____

7. M. Arnaud/son/ont/nouveau/et/fils/besoin/de/costumes/noir

   ____

8. chambres/Anne-Marie/beau/ont/blanc/Christine/de/et

   ____

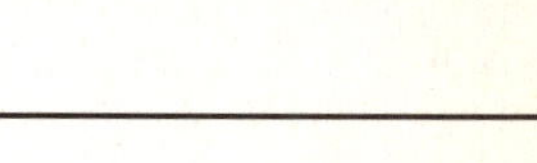

Aller + infinitive

Use the present tense form of **aller** plus an infinitive to say what you are going to do in the near future.

Demain je **vais faire** du vélo.   *Tomorrow I'm going to go biking.*

To make a negative sentence, put **ne (n')... pas** around the form of **aller**.

Tu **ne** vas **pas** étudier ce soir.   *You aren't going to study tonight.*

---

18 Say that people are not going to do the indicated activities today, but that they are going to do them tomorrow.

Modèle: Michel/faire les magasins
Michel ne va pas faire les magasins aujourd'hui, mais il va faire les magasins demain.

1. Clémence/sortir avec Mohamed

    ____

2. Marc et Alain/faire du roller

    ____

3. tu/préparer une pizza

    ____

4. Charles et toi, vous/manger de la pizza

    ____

5. Anne et moi, nous/acheter un nouvel ensemble

    ____

6. je/porter un nouveau pantalon

    ____

7. Amine/jouer aux jeux vidéo

    ____

8. Delphine et Renée/prendre rendez-vous avec Docteur Renard

    ____

19 Write a paragraph about what you plan on doing this weekend. Mention six activities and be specific about when you plan to do them, using expressions such as **vendredi soir** and **samedi après-midi**.

Leçon C

P O U R   T O I

Present tense of the irregular verbs **avoir** and **faire**

Do you remember the present tense forms of **avoir** (*to have*) and **faire** (*to do, to make*)?

avoir

j'	ai	nous	avons
tu	as	vous	avez
il/elle/on	a	ils/elles	ont

faire

je	fais	nous	faisons
tu	fais	vous	faites
il/elle/on	fait	ils/elles	font

---

20 | Complete each sentence with the appropriate form of the verb **avoir**.

1. Jacqueline _________________ 16 ans en octobre.

2. Abdel-Cader et moi, nous _________________ peur du chien méchant.

3. J'_________________ soif quand je fais du footing.

4. Quand tu _________________ faim, est-ce que tu manges une omelette?

5. Paul et Normand _________________ bonne mine quand ils font du sport.

6. Est-ce que vous mettez un pull quand vous _________________ froid?

7. Jacques _________________ besoin d'un dictionnaire pour son cours d'anglais.

8. Adja et Sonia? Elles _________________ envie de danser.

21 | Answer each question affirmatively.

> **Modèle:** Assia fait du roller au parc. Et toi?
> *Moi aussi, je fais du roller au parc.*

1. Karine fait du vélo en automne. Et toi?

   ____

2. Marc fait du sport au stade. Et ses amis?

   ____

3. Louis fait du 40. Et moi?

   ____

4. Lamine fait du shopping au centre commercial. Et vous?

   ____

5. Luc fait ses devoirs à la bibliothèque. Et Cécile?

   ____

6. Magali fait du footing à l'école. Et nous?

   ____

22 | Complete each of the following sentences with the appropriate form of **avoir** or **faire**.

1. Quand j'_________________ chaud, je vais à la piscine.

2. Tu _________________ le tour du musée.

3. Quand vous _________________ mal à l'oreille, est-ce que vous prenez rendez-vous avec un médecin?

4. Nous _________________ les magasins samedi matin.

5. André _________________ mauvaise mine quand il a mal à la tête.

6. Les Coffe _________________ un tour en voiture.

Forming questions

Do you remember the four ways to ask a question in French?

1. Make your tone of voice rise at the end of a sentence.

2. Put **est-ce que** before the subject.

3. Put **n'est-ce pas** at the end of a sentence.

4. Invert the subject pronoun and the verb and separate them with a hyphen.

If the subject of the sentence is a noun, add the appropriate subject pronoun after the verb.

Les élèves étudient-**ils** l'allemand?

If the **il, elle** or **on** form of the verb ends with a vowel, add -**t**- between the verb and its subject pronoun.

Laïla parle-**t**-elle arabe?

---

23 | For each sentence, write a question using **est-ce que**. Choose the most appropriate expression from the list below in each of your questions.

> quand   à qui   pourquoi   avec qui
> comment   à quelle heure   où

1. Je nage bien.

   ____

2. Jean-François va à la librairie pour acheter des cahiers.

   ____

3. Nous allons au cinéma à 19h00.

   ____

4. Bruno téléphone à Marie-Alix.

   ____

5. Je vais à la banque.

   ____

6. Véro va au tabac avec Claudette.

   ____

7. Nous faisons du sport après les cours.

   ____

---

24 You want to go in-line skating, but your best friend has other plans. Try to find someone to go with you by asking your friend if other people are still busy. Form questions using inversion.

Modèle: Karim/préparer le dîner
Karim prépare-t-il toujours le dîner?

1. Olivier et Zakia/faire leurs devoirs

   ____

2. Ariane/parler à Jérémy

   ____

3. Édouard et Khaled/travailler au supermarché

   ____

4. Nicole/étudier

   ____

5. Sylvie et Isabelle/écouter leurs CDs

   ____

6. Max/regarder un film

   ____

7. Myriam/chercher son chat

   ____

8. Aïcha et Zohra/jouer au tennis

   ____

Negation

When making a verb negative, remember to put **ne (n')** before the verb and **pas, jamais, plus, personne** or **rien** after it.

Je **ne** danse **jamais**.

P O U R T O I

---

25 Rewrite the sentences stating the opposite.

Modèle: Tu fais toujours du vélo.
Tu ne fais plus de vélo.

1. Arabéa a un cheval.

   ____

2. Mamadou et Alain prennent quelque chose.

   ____

3. Tu nages souvent.

   ____

4. Nous invitons quelqu'un.

   ____

5. Je fais toujours mes devoirs.

   ____

6. Vous venez à la boum.

   ____

POUR TOI

Indefinite articles in negative sentences

Change indefinite articles (**un, une, des**) to **de** or **d'** in a negative sentence.

Béatrice prend-elle une banane?

Non, Béatrice ne prend pas **de** banane.

26 | Answer the following questions negatively.

1. Robert a-t-il un poisson rouge?

   ____

2. Assia achète-t-elle un anorak?

   ____

3. Daniel porte-t-il des baskets?

   ____

4. Damien trouve-t-il un stylo dans son sac à dos?

   ____

5. Françoise écoute-t-elle des CDs espagnols?

   ____

6. Jean mange-t-il une omelette?

   ____

Unité 2   *Paris*

Leçon A

1 | Match the descriptions of people on the left with their professions on the right.

_____ 1. M. Clavel vend du jambon.   A. un pâtissier

_____ 2. M. Cochet vend des tee-shirts.   B. une caissière

_____ 3. Mme Loucif vend de l'aspirine.   C. une pharmacienne

_____ 4. M. Rosny vend du pain.   D. un charcutier

_____ 5. Mlle Savarin vend des billets de loterie.   E. une bouchère

_____ 6. Mme Hamet vend des fleurs.   F. un commerçant

_____ 7. M. Larnicol vend des gâteaux.   G. une fleuriste

_____ 8. Mme Lazarini vend du bœuf.   H. un boulanger

2 | Complete each sentence with the appropriate form of the most logical adjective from the list.

riche   pauvre   facile   jeune   mince   heureux
difficile   aimable   triste   pénible   GRAND   âgé

1. Chloé et Anne n'ont pas d'argent. Elles sont __________________.

2. Marcel donne un cadeau à son oncle. Il est __________________.

3. Mme Faugeron a 85 ans. Elle est __________________.

4. Les cours pour devenir médecin sont __________________.

5. Mes demi-sœurs ne mangent pas assez. Elles sont __________________.

6. Pour nous, l'anglais est __________________.

7. M. et Mme Leroy ont trois Mercedes. Ils sont __________________.

8. Le petit frère d'Abdou ne marche pas parce qu'il est trop __________________.

9. Kevin Garnett et Shaquille O'Neal ne sont pas petits; ils sont

   __________________.

10. Malika invite Bertrand à sortir. Quand il accepte, elle est __________________.

11. *Schindler's List* est un film __________________.

12. Patricia refuse d'aider sa grand-mère malade. C'est une fille __________________.

3 | Complete the crossword puzzle with appropriate French expressions from **Leçon A.**

Across

1. Mathieu pense… pharmacien comme son oncle.

2. Je veux faire du roller, mais mon amie est… et ne peut pas venir.

5. Allons à l'… de Picasso au musée!

6. Le film commence à 20h00, mais Djamel arrive… à 19h30.

8. J'ai attendu des mois. … on passe un film avec Brad Pitt au Gaumont.

9. …, mais je ne peux pas aller au centre commercial avec toi.

Down

1. Luc n'est pas mince; il n'est pas grand. Il est….

3. Je… un ensemble bleu à la boutique.

4. La… vend des tartes aux pommes.

5. Les autres élèves entrent dans la salle de classe à 9h00, mais Nora arrive… à 9h20.

7. Khaled… son père dans le garage.

Present tense of the irregular verb **venir** and **venir de** + infinitive

Do you remember the forms of the verb **venir** (*to come*)?

je	viens	nous	venons
tu	viens	vous	venez
il/elle/on	vient	ils/elles	viennent

Another verb that follows the same pattern as **venir** is **devenir** (*to become*).

To express an action that has just taken place in the recent past, use **venir de** + infinitive.

Tu **viens d'aider** ta mère dans la cuisine?	*Did you just help your mother in the kitchen?*

P O U R   T O I

---

4 Your French teacher has organized a field trip to the new Monet exhibit. Say who is coming and who is not. Follow the models.

	oui	non
Élise	✓	
Valérie		✓
moi		✓
Sabrina	✓	
mes parents		✓
toi	✓	
Paul		✓
Marie-Claire	✓	
la prof	✓	
Amine		✓

Modèles: Élise
Élise vient.

Amine
Amine ne vient pas.

1. Sabrina et toi, vous

____

2. mon ami Paul

____

3. je

____

4. Élise et Marie-Claire

____

5. tu

____

6. Valérie et moi

____

7. la prof

____

8. mes parents

____

5 The following people are doing apprenticeships before entering their chosen profession. Write sentences to say what they are becoming, using the verb **devenir**.

1. Madeleine/charcutière

____

2. je/fleuriste

____

3. Daniel et Bruno/bouchers

____

4. tu/cuisinier

____

5. Serge/caissier

____

6. vous/boulangères

____

7. nous/coiffeurs

____

8. Magali et Béatrice/pâtissières

____

6 Tell what everyone just did in Paris. Follow the model.

Modèle: tu/acheter des souvenirs pour tes amis

Tu viens d'acheter des souvenirs pour tes amis.

1. je/visiter le Panthéon

   ____

2. Ahmed/marcher dans le Quartier latin

   ____

3. Sonia et Manu/voir l'exposition au Grand Palais

   ____

4. tu/perdre ton plan du métro

   ____

5. Caro et moi, nous/monter dans la tour Eiffel

   ____

6. vous/faire un tour en bateau sur la Seine

   ____

7. Antonine/prendre une photo du *Penseur*

   ____

8. Fatima et Gilberte/manger une glace au Drugstore

   ____

P O U R   T O I

Passé composé with avoir

To form the **passé composé**, most French verbs use the helping verb **avoir** and the past participle of the main verb. Past participles of all **-er** verbs, most **-ir** verbs and most **-re** verbs are formed as follows:

aid**er** →	aid**é**	J'ai aidé ma prof.	*I helped my teacher.*
chois**ir** →	chois**i**	J'ai choisi un croissant.	*I chose a croissant.*
vend**re** →	vend**u**	J'ai vendu mon vélo.	*I sold my bike.*

The past participle of the verb does not agree with the subject.

aider

j'	ai	aidé	nous	avons	aidé
tu	as	aidé	vous	avez	aidé
il/elle/on	a	aidé	ils/elles	ont	aidé

To form a negative sentence in the **passé composé**, put **n'** before the form of **avoir** and **pas** after it.

Il **n'**a **pas** attendu.   *He did not wait.*

To form a question in the **passé composé** using inversion, put the subject pronoun after the form of **avoir**.

Avez-vous **travaillé** à la boulangerie?   *Did you work at the bakery?*

7 Say that yesterday everyone did what they like to do. Follow the model.

Modèle: Saleh et Clément aiment regarder la télé.
Hier ils ont regardé la télé.

1. Adja aime garder les enfants de sa tante.

   ____

2. Damien et moi, nous aimons jouer au basket.

   ____

3. Mes amies aiment téléphoner.

   ____

4. Tu aimes voyager.

   ____

5. David aime aider sa mère dans la cuisine.

   ____

6. J'aime chercher de nouveaux CDs.

   ____

7. Hervé et toi, vous aimez danser.

   ____

8. Fabrice et Thibault aiment porter des baskets.

   ____

8 Tell what everyone chose at the buffet in their Paris hotel by completing each sentence with the appropriate **passé composé** form of the verb **choisir**.

1. Olivier et moi, nous _______________________ du poulet.
2. J'_______________________ du saucisson.
3. Martine _______________________ du bœuf.
4. Tu _______________________ de la tarte aux fraises.
5. On _______________________ du pain.
6. Fayçal et toi, vous _______________________ des haricots verts.
7. M. Chanut _______________________ du melon.
8. Les Gautier _______________________ du porc.

9 Say whom people waited for at the famous Café des Deux Magots in Paris. Follow the model.

Modèle: Lamine et moi, nous (nos cousins)
   Lamine et moi, nous avons attendu nos cousins.

1. je (mon prof)

   ____

2. Abdou (son oncle)

   ____

3. Nadine et toi, vous (les élèves)

   ____

4. tu (Margarette)

   ____

5. Christine (sa grand-mère)

   ____

6. on (le serveur)

   ____

7. Khaled et Marie (leurs amis)

   ____

8. nous (Éric)

   ____

10 Say whether or not you did the following things last weekend.

1. As-tu fini tes devoirs?

   ____

2. As-tu nagé?

   ____

3. As-tu passé des heures à la bibliothèque?

   ____

4. As-tu invité des amis à sortir?

   ____

5. As-tu vendu ton ordinateur?

   ____

6. As-tu choisi une vidéocassette à Blockbuster?

   ____

7. As-tu joué aux jeux vidéo?

   ____

8. As-tu perdu ton chat?

   ____

Leçon B

11 | Write the correct form of the most logical adjective from the list.

> célèbre   dynamique   VIF
>
> **favori**   faible   laid   calme
>
> intéressant   fort

1. Je préfère nager quand la mer est _______________________.

2. La tour Eiffel et l'arche de la Défense sont des monuments _______________________ de Paris.

3. Cette sculpture n'est pas belle; elle est _______________________.

4. Le foot et le volley sont mes sports _______________________.

5. Est-ce que tu as une _______________________ personnalité comme Dora Maar?

6. Les couleurs que tu portes sont très _______________________.

7. Je pense que Kurt Warner et Kobe Bryant sont _______________________.

8. Selon mon prof d'histoire, la Renaissance est plus _______________________ que le vingtième siècle.

9. Les élèves qui sont _______________________ ne font pas de sport.

12 Complete the crossword puzzle with French expressions from **Leçon B**.

Across

2. Quel est ton…? Tu t'appelles comment?

7. L'… de Picasso est moderne.

8. La… du tableau de Léonard de Vinci est-elle contente?

9. Mathieu pense que Dora Maar est moins… que *la Joconde*.

11. … Sabrina, l'art du vingtième siècle est plus dynamique que l'art de la Renaissance.

12. Au musée Rodin il y a des… comme *Le Penseur* dans le jardin.

13. Monet, Gauguin et Matisse sont des… célèbres.

14. J'aime lire les… de ma tante quand elle voyage.

Down

1. Le tabac est… magasin.

3. J'adore la tour Eiffel. C'est…!

4. Au musée d'Orsay on trouve des… impressionnistes.

5. Mon ami a une… calme.

6. Dans cette salle du musée il y a des sculptures, des tableaux et des… du vingtième siècle.

10. Mia Hamm prend le foot….

Present tense of the irregular verbs **mettre**, **prendre** and **voir**

Do you remember the forms of **mettre**, **prendre** and **voir**?

mettre (*to put, to put on, to set*)

je	mets	nous	mettons
tu	mets	vous	mettez
il/elle/on	met	ils/elles	mettent

prendre (*to take*)

je	prends	nous	prenons
tu	prends	vous	prenez
il/elle/on	prend	ils/elles	prennent

voir (*to see*)

je	vois	nous	voyons
tu	vois	vous	voyez
il/elle/on	voit	ils/elles	voient

13 Answer each question with the best choice from the list. Follow the model.

> un maillot de bain　　dans le garage　　nos livres
>
> des robes longues　　les assiettes　　le lait
>
> des couleurs vives　　des bottes, un anorak et un pantalon
>
> un tee-shirt, un short et des tennis

Modèle:　Qu'est-ce que vous mettez dans vos sacs à dos?
Nous mettons nos livres dans nos sacs à dos.

1.　Qu'est-ce que les filles mettent pour aller au bal?

____

2.　Où est-ce que maman met la voiture?

____

3. Qu'est-ce que nous mettons pour nager?

    ____

4. Qu'est-ce que je mets sur la table?

    ____

5. Qu'est-ce que vous mettez pour skier?

    ____

6. Qu'est-ce que tu mets dans ton tableau?

    ____

7. Qu'est-ce qu'on met dans le frigo?

    ____

8. Qu'est-ce que les garçons mettent quand ils jouent au foot?

    ____

---

14 Tell what everyone is having at the café after a long day of sight-seeing in Paris, using the appropriate form of the verb **prendre**.

1. tu/une salade de tomates

    ____

2. les filles/des desserts

    ____

3. je/un steak-frites

    ____

4. les Américains/un coca

    ____

5. M. Hatari/un sandwich au fromage

    ____

6. la prof de français/une crêpe

    ____

7. nous/un jus de pomme

    ____

8. vous/une omelette

    ____

Grammar and Vocabulary Exercises   ©EMC

15 | Madame Connell and her French students are in Paris. Tell what they're seeing, using the verb **voir**.

1. nous/le Centre Pompidou

    ____

2. tu/le musée d'Orsay

    ____

3. les garçons/le tombeau de Jim Morrison

    ____

4. Madame Connell/Notre-Dame

    ____

5. je/le Louvre

    ____

6. Brad/les jardins des Tuileries

    ____

7. vous/la petite statue de la Liberté

    ____

8. les filles/les Champs-Élysées

    ____

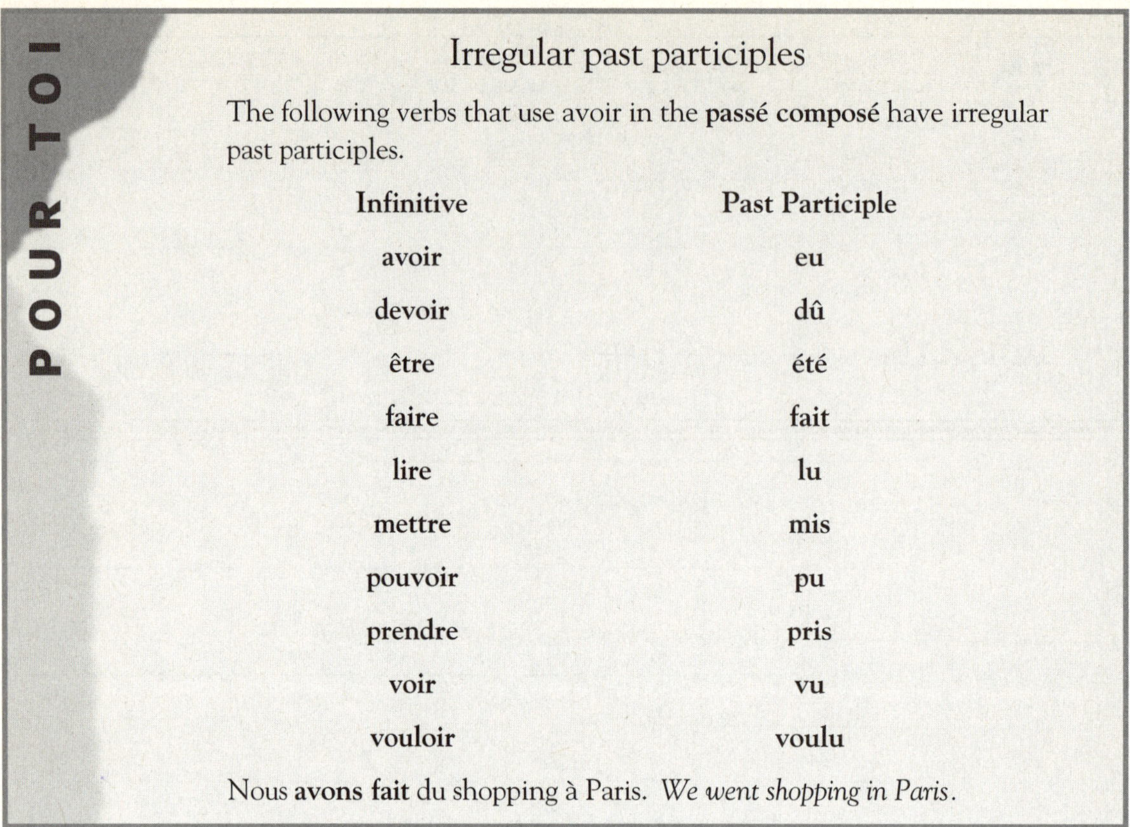

Irregular past participles

The following verbs that use avoir in the **passé composé** have irregular past participles.

Infinitive	Past Participle
avoir	eu
devoir	dû
être	été
faire	fait
lire	lu
mettre	mis
pouvoir	pu
prendre	pris
voir	vu
vouloir	voulu

Nous **avons fait** du shopping à Paris. *We went shopping in Paris.*

16 Find and circle ten irregular verbs that use **avoir** in the **passé composé**.

```
P  R  O  M  D  S  H  P  G  Q  B  Z  J  A  D
O  R  I  O  L  U  O  V  Ê  M  X  Y  S  J  T
U  I  E  O  J  J  F  T  E  I  M  E  G  D  Q
V  O  H  N  V  H  R  T  W  L  E  O  D  Q  E
O  V  Q  L  D  E  T  R  I  B  R  H  Y  N  J
I  A  V  O  I  R  D  R  J  S  T  T  V  M  G
R  J  P  B  E  R  E  N  H  G  A  O  R  F  Z
Y  P  Z  R  L  Q  Q  F  Y  E  V  L  Y  S  J
H  Z  I  V  H  M  X  O  E  P  E  I  L  R  S
Z  A  E  U  N  A  B  E  X  T  B  G  M  E  D
F  Z  K  M  Q  C  H  P  M  H  S  F  R  G  R
```

17 | Complete each short dialogue with the **passé composé** of the appropriate verb from the list. You will use two verbs twice.

> *avoir*   **devoir**   *faire*   *prendre*   **pouvoir**
>
> **être**
>
> *vouloir*   LIRE   mettre   voir

1. —Pourquoi n'_________________-tu pas _________________ à l'école hier?

   —J'_________________ mal à la gorge.

2. —Est-ce que vous _________________ un taxi à l'hôtel?

   —Non, nous _________________ obligés de prendre le métro.

3. —Qu'est-ce que Yasmine _________________ au musée?

   —Elle _________________ voir les tableaux de la Renaissance.

4. —Jean et Max n'_________________ pas _________________ sortir?

   —Si, ils _________________ des baskets pour jouer au basket.

5. —Qu'est-ce que Delphine _________________ après l'école?

   —Elle _________________ une carte postale de sa cousine.

6. —Nous _________________ mettre la table pour aider maman.

   —Vous _________________ un vase avec des fleurs sur la table?

18 | Rewrite the following sentences in the **passé composé**.

1. Comme boisson je prends une limonade.

   ____

2. Luc ne voit pas d'objets d'art au musée.

   ____

3. Maman met la boîte de carottes dans le placard.

   ____

4. Tu lis un livre d'art.

   ____

5. Nous faisons un tour en bateau sur la Seine.

   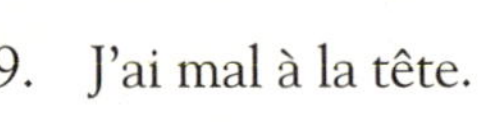____

6. Les dames veulent faire les magasins.

   ____

7. Vous êtes fatigués.

   ____

8. Les élèves ne doivent pas acheter des billets.

   ____

9. J'ai mal à la tête.

   ____

10. Tu ne peux pas faire du footing.

   ____

Demonstrative adjectives

Demonstrative adjectives agree with the nouns they describe.

P O U R   T O I

	Singular		Plural
Masculine before a Consonant Sound	**Masculine before a Vowel Sound**	**Feminine**	
ce tableau	**cet** artiste	**cette** sculpture	**ces** objets d'art

19 Fill in each blank with the demonstrative adjective **ce**, **cet**, **cette** or **ces**.

1. _________________ objet d'art coûte très cher.

2. J'adore _________________ exposition d'art moderne.

3. _________________ tableaux sont magnifiques!

4. Tu choisis _________________ carte postale?

5. _________________ portrait est laid.

6. _________________ dame mystérieuse est ma prof d'anglais.

7. Tu aimes _________________ métier?

8. J'ai pris des photos de _________________ monuments.

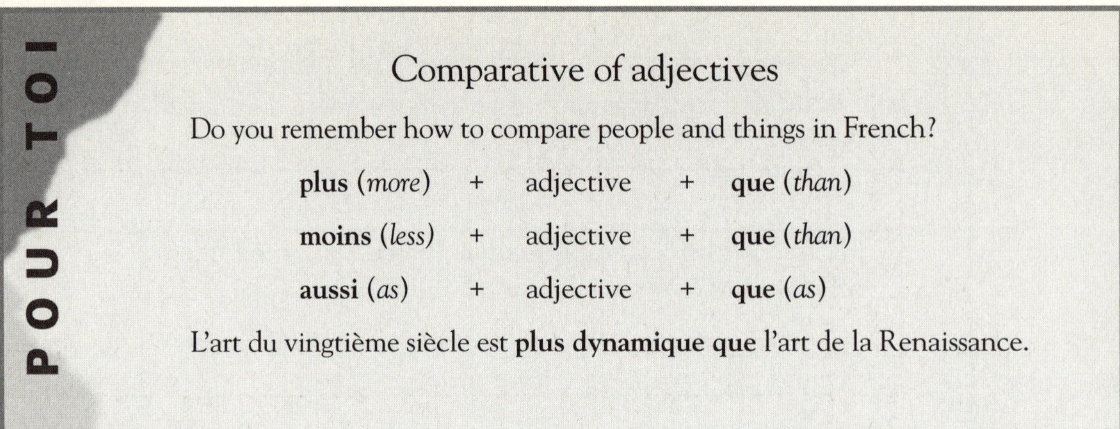

20 Rewrite each sentence using the indicated adjective to compare the following people, places and things.

Modèle: *La Joconde* est moins moderne que le *Portrait de Dora Maar*. (beau)
La Joconde est *plus belle que* le *Portrait de Dora Maar*.
ou
La Joconde est *moins belle que* le *Portrait de Dora Maar*.
ou
La Joconde est *aussi belle que* le *Portrait de Dora Maar*.

1. Le jaune est aussi vif que l'orange. (populaire)

   ____

2. La vie à Paris est plus intéressante que la vie dans ma ville. (cher)

   ____

3. David Spade est moins fort que Arnold Schwartzenegger. (beau)

   ____

4. Le musée d'Orsay est moins grand que le Louvre. (célèbre)

   ____

5. Les immeubles de Paris sont plus vieux que les immeubles de Los Angeles. (moche)

   ____

6. Les pâtissières sont aussi occupées que les pharmaciennes. (scientifique)

   ____

7. La tour Eiffel est plus belle que l'arche de la Défense. (vieux)

   ____

8. Les profs sont plus dynamiques que les fleuristes. (artistique)

   ____

21 | Find and circle the names of ten zoo animals in French.

```
P U E C S Z É L É P H A N T A
O K O L U W M G S I R E I U K
V D E L H C L W P Y R J H Q A
E T N T N M I P G G B Z P C O
H D D K W G O R I L L E U H I
C X I W S P N T R B U R A J D
N S R U O F E H A P R B D P D
U S R T Z K I C F K G È F E D
W X A P S I N G E E P Z X A E
W M S H B D R A J I I U C X Z
E X H S T E R N O M H M A E D
```

22 | Choose the most appropriate expression from the list and write it in the blank.

> comme   PARC   tout droit
>
> idées   drôles
>
> tout de suite   piqueniquons   zoo
>
> nourriture   animal   est en train d'

1. Tout le monde, prenez une feuille de papier _______________!

2. La poste? Allez _______________. C'est à côté de la banque.

3. Léonard de Vinci a eu beaucoup d'_______________ modernes.

4. Steve Martin et Eddie Murphy sont très _______________.

5. Les lions et les éléphants habitent au _______________.

6. _______________ ils sont magnifiques!

7. Maman met la _______________ dans le frigo.

8. Karima et Ariane font du roller dans le _______________.

9. Il y a des sandwichs et des boissons froides. Nous _______________.

10. Mon _______________ favori, c'est le chien.

11. Il y a une interro demain. André _______________ étudier.

The imperative

To give commands and make suggestions, use the **tu**, **vous** and **nous** forms of the verb without the subjects. Note that the **tu** form of an **-er** verb drops the final **s**.

Tu continues tout droit.	**Continue** tout droit!
Vous piqueniquez.	**Piqueniquez!**
Nous cherchons la nourriture.	**Cherchons** la nourriture!

To form a negative command, put **ne** before the verb and **pas** after it.

N'allons pas au bois de Vincennes!

---

23 Give your classmates advice on what to do or not to do. Follow the model.

Modèle: Pierre aime les tableaux impressionistes. (aller au musée d'Orsay, visiter le Louvre)
Va au musée d'Orsay! Ne visite pas le Louvre!

1. La mère de Latifa a trop à faire. (regarder la télé, aider sa mère)

   ____

2. Jérémy a dix-huit ans. (choisir un métier, jouer aux jeux vidéo)

   ____

3. Nicole a froid. (prendre une boisson froide, mettre un pull)

   ____

4. Laurent aime les animaux. (aller au zoo, aller à la piscine)

   ____

5. Catherine a faim. (chercher la nourriture au supermarché, prendre de l'eau minérale)

   ____

6. Il fait beau et Didier veut sortir. (faire du roller dans le parc, aller au cinéma)

   ____

7. Nadia passe une semaine à Paris. (rester à l'hôtel, voir la tour Eiffel)

   ____

8. Normand est malade. (parler au pharmacien, faire du sport)

   ____

24 Imagine that you are a doctor and are giving advice to your patient, Mme Dandin. She has high cholesterol and needs to lost weight.

Modèles: manger du poulet
Mangez du poulet!

prendre du gâteau
Ne prenez pas de gâteau!

1. prendre de l'eau

   ____

2. faire du sport

   ____

3. manger du fromage

   ____

4. marcher

   ____

5. prendre du coca

   ____

6. acheter des fruits et des légumes frais

   ____

25 Disagree with your friend's suggestions about what you should do. Then offer a different suggestion. Follow the model.

Modèle: Piqueniquons dans le parc! (piqueniquer à la plage)

Non, ne piqueniquons pas dans le parc! Piqueniquons à la plage!

1. Écoutons la radio! (écouter mes CDs favoris)

   ____

2. Jouons au tennis! (jouer au volley)

   ____

3. Regardons les singes! (regarder les zèbres)

   ____

4. Faisons des sandwichs! (faire une pizza)

   ____

5. Allons au cinéma! (aller au musée d'art)

   ____

6. Visitons le Louvre! (visiter le musée d'Orsay)

   ____

7. Parlons à la boulangère! (parler à la caissière)

   ____

8. Cherchons un grand magasin! (chercher une boutique)

   ____

POUR TOI

Superlative of adjectives

To describe someone or something as having the most of a certain quality as compared to all others, use:

le/la/les + **plus** + adjective

Both the definite article and the adjective agree in gender and in number with the noun.

Ces dauphins sont **les plus intelligents**.

If an adjective usually precedes a noun, its superlative form also precedes it. If an adjective usually follows a noun, so does its superlative form.

C'est **le plus grand** zoo de Paris.

Ce sont les statues **les plus modernes** du parc.

---

26 Write sentences using the superlative construction to describe places in your city or region.

Modèle: le supermarché (petit)
Olson's Market est le plus petit supermarché.

1. le parc (joli)

   ____

2. le cinéma (grand)

   ____

3. le musée (intéressant)

   ____

4. la rue (dynamique)

   ____

5. le restaurant (cher)

   ____

6. le grand magasin (nouveau)

   ____

7. la banque (vieux)

   ____

8. la statue (beau)

   ____

Unité 3   En France

Leçon A

1 Unscramble the letters to spell the names of things you find outdoors. Write the appropriate indefinite article (**un**, **une**) in front of each word.

1. énaoc

   ____

2. gnaté

   ____

3. tmeaonng

   ____

4. euevlf

   ____

5. acl

   ____

6. eoutr

   ____

7. rèrieiv

   ____

8. scaadce

   ____

9. eîl

   ____

10. nopt

    ____

2 | Choose the most logical means of transportation and write it in the blank.

> # à vélo   en bateau   en train
>
> # en autobus (en bus)
>
> # à pied   en voiture   en avion

1. Sarah a traversé le pont du Gard ________________________.

2. Pour aller en France, les touristes américains voyagent ________________________.

3. Heather va avec ses parents de Los Angeles à San Francisco

   ________________________.

4. On va à l'école avec d'autres élèves ________________________.

5. Si on voyage en TGV, on voyage ________________________.

6. Nous faisons une promenade ________________________ sur le lac.

7. Claudette doit acheter du pain pour sa mère. Elle va à la boulangerie

   ________________________.

3 | Complete the crossword puzzle with new words from **Leçon A**.

Across

2. À la fin (*end*) de l'histoire, Cendrillon (*Cinderella*) habite dans un....

4. Le français est... facile.

6. Assia lit une... à son petit cousin.

9. Je fais les exercices de français une... une.

10. À la gare on attend sur le....

11. Karl Malone porte le... 32.

13. Les élèves de M. Chouinard ont passé un... en Provence.

Down

1. ... à l'escalier!

3. Samedi et dimanche, c'est le....

5. Nick a une carte postale de son... français.

7. Quand Abdel-Cader... la rue, il regarde à droite et à gauche.

8. Nous faisons une... en voiture à la campagne.

12. Ces... ont quinze ans.

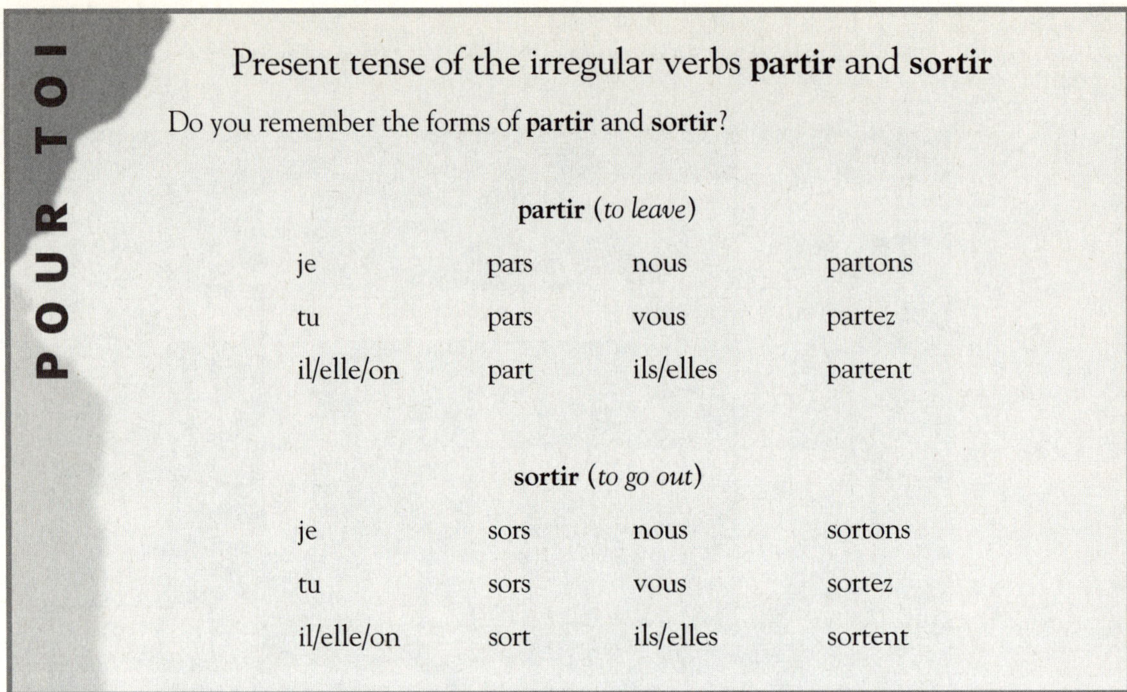

Present tense of the irregular verbs **partir** and **sortir**

Do you remember the forms of **partir** and **sortir**?

partir (*to leave*)

je	pars	nous	partons
tu	pars	vous	partez
il/elle/on	part	ils/elles	partent

sortir (*to go out*)

je	sors	nous	sortons
tu	sors	vous	sortez
il/elle/on	sort	ils/elles	sortent

4   Say that the people who live in capitals of their countries are leaving from the airport and those who live in other cities are leaving from the train station. Follow the model.

Modèles: tu/Londres

Tu pars de l'aéroport.

on/Marseille

On part de la gare.

1. je/Paris

2. Mme Chambert/Tours

3. M. et Mme Creswell/New York City

4. tu/Ottawa

5. Mme Farinelli et toi, vous/Milan

6. M. Kitada/Tokyo

7. Juan et moi, nous/Cancun

   ____

8. nos correspondantes/Bruxelles

   ____

5 It's Friday night. Say whether or not the following people are going out tonight.

Modèles: Diane (oui)
   Diane sort ce soir.

   Dikembe et moi, nous (non)
   Dikembe et moi, nous ne sortons pas ce soir.

1. Alain et toi, vous (oui)

   ____

2. je (non)

   ____

3. Karine et Zohra (non)

   ____

4. tu (oui)

   ____

5. Damien (non)

   ____

6. Nadia et moi, nous (non)

   ____

7. Marc et Jeanne (oui)

   ____

8. Sylvie (non)

   ____

6 | Complete the dialogue with the appropriate forms of **partir** or **sortir**.

—Camille, tu _________________ avec Guillaume ce soir?

—Oui. Nous _________________ avec ses parents.

—Avec ses parents?

—Oui, ils sont très sympa. Ils _________________ samedi passer un mois en Afrique.

—Donc, tu peux _________________ avec Guillaume quand tu veux pendant ce mois.

—Mais non. Il _________________ en Italie dimanche. Dimanche soir je

_________________ avec Michel.

—Qui est-ce?

—C'est mon cousin de Marseille. _________________ avec nous! Nous allons en boîte.

—Quelle bonne idée! Vous _________________ à quelle heure?

—À 21h00. À bientôt!

Passé composé with être

To form the **passé composé**, some French verbs use the helping verb **être** and the past participle of the main verb. The **passé composé** is a past tense that is composed of two verbs: the appropriate present tense form of **être** and the past participle of the main verb. The past participle of an **-er** verb changes the infinitive ending to **é**. The past participle of an **-ir** verb changes the infinitive ending to **i** or **u**.

Vous **êtes allés** au zoo. *You went to the zoo.*

Here are some verbs that use the helping verb **être**, along with their past participles.

Infinitive	Past Participle
aller	allé
arriver	arrivé
entrer	entré
monter	monté
rentrer	rentré
rester	resté
partir	parti
sortir	sorti
devenir	devenu
revenir	revenu
venir	venu

POUR TOI

Note that the past participle of the verb agrees in gender and in number with the subject.

devenir

je	suis	devenu(e)	nous	sommes	devenu(e)s
tu	es	devenu(e)	vous	êtes	devenu(e)(s)(es)
il/on	est	devenu	ils	sont	devenus
elle	est	devenue	elles	sont	devenues

To form a negative sentence in the **passé composé**, put **ne (n')** before the form of **être** and **pas** after it.

Antonine **n'**est **pas** arrivée à l'heure.

To form a question in the **passé composé** using inversion, put the subject pronoun after the form of **être**.

Amine, avec qui **es**-tu **sorti**?

---

7 Say whether or not the following people went to Provence. Follow the models.

Modèles: Magali a pris des photos du Vieux Port de Marseille.
Elle est allée en Provence.

Malick et toi, vous avez visité le musée Marmottan.
Vous n'êtes pas allés en Provence.

1. Karim et Théo ont traversé le pont du Gard à pied.

   ____

2. Adja a fait une excursion en bus à Tours.

   ____

3. Myriam et Zakia ont vu la montagne Sainte-Victoire.

   ____

4. J'ai passé une semaine à Aix-en-Provence.

   ____

5. Thierry et moi, nous avons fait du vélo dans le bois de Vincennes.

   ____

6. Salim a vu le Piton de la Fournaise.

   ____

7. Tu as fait une promenade en bateau au château d'If.

____

8. Malick et toi, vous avez marché dans le Quartier latin.

____

---

8 | Complete each sentence with the appropriate **passé composé** form of the indicated verb.

1. (rester)   Jamila _____________________ à la bibliothèque.

2. (arriver)   Mes copines _____________________ en boîte à 20h30.

3. (revenir)   Louis, tu _____________________ pour aider ton père?

4. (devenir)   Robert et toi, vous _____________________ pharmaciens?

5. (partir)   Les avions d'Air France _____________________ à l'heure.

6. (sortir)   Mamadou _____________________ avec son correspondant.

7. (entrer)   Je _____________________ dans le musée Picasso.

8. (monter)   Amina et moi, nous _____________________ à ma chambre.

9. (rentrer)   Véro, à quelle heure _____________________-tu

_____________________ de la boum?

10. (venir)   Denise et Caroline _____________________ au quai avec Florence.

---

9 | Ask your friends questions about what they did. Use inversion.

Modèles: Aïcha/rentrer à 22h00

Aïcha, es-tu rentrée à 22h00?

Christophe et Mahmoud/entrer dans le musée

Christophe et Mahmoud, êtes-vous entrés dans le musée?

1. Magali et Laïla/sortir le weekend dernier

____

2. Abdoul/partir en train pour Aix-en-Provence

____

3. Fred et Fayçal/arriver au quai en avance

____

4. Isabelle/rester chez Sandrine vendredi soir

____

5. Manu et André/revenir ensemble du stade

   ____

6. Béatrice/aller à la campagne

   ____

7. Raphaël/venir avec ton billet

   ____

---

10 | Dana went to France with her French class and wrote a postcard to her French-Canadian pen pal in Montreal. Fill in each blank with the appropriate helping verb and past participle. (Attention: Some of the indicated verbs use **avoir** and some use **être**.)

> Chère Francine,
>
> J'(1. passer) la première semaine avec ma correspondante, Arabéa, à Marseille. Chaque jour nous (2. sortir) avec ses copains qui sont vachement sympa. J'(3. prendre) des photos du port de Marseille. Arabéa et moi, nous (4. faire) une promenade en bateau au château d'If.
>
> Le 30 juillet tout le monde (5. arriver) à la gare de Marseille pour aller à Paris. Le train (6. partir) à 11h30. La prof (7. écouter) nos histoires une par une. Sam et Tim (8. traverser) le pont du Gard à pied. Monica (9. voir) la montagne Sainte-Victoire. Ashley and Brittany (10. piqueniquer) à la campagne.
>
> À Paris nous (11. rester) dans un hôtel dans le Quartier latin. Nous (12. visiter) beaucoup de monuments célèbres. Je (13. monter) dans la tour Eiffel. Je (14. aller) au musée d'Orsay pour voir mes tableaux favoris. Tes parents et toi, est-ce que vous (15. voyager) pendant les vacances? Est-ce que tu (16. travailler)?
>
> Grosses bises,
>
> Dana

1. _________________	9. _________________
2. _________________	10. _________________
3. _________________	11. _________________
4. _________________	12. _________________
5. _________________	13. _________________
6. _________________	14. _________________
7. _________________	15. _________________
8. _________________	16. _________________

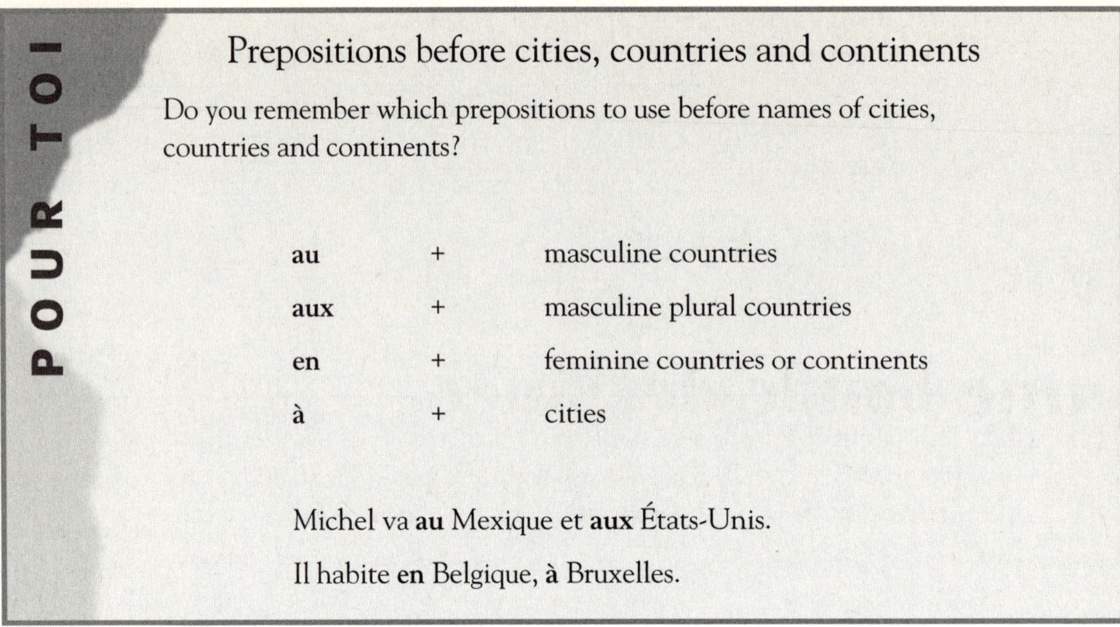

POUR TOI

Prepositions before cities, countries and continents

Do you remember which prepositions to use before names of cities, countries and continents?

au	+	masculine countries
aux	+	masculine plural countries
en	+	feminine countries or continents
à	+	cities

Michel va **au** Mexique et **aux** États-Unis.

Il habite **en** Belgique, **à** Bruxelles.

---

11 In July foreign exchange students who spent the school year in France went back home. Write sentences saying they went to a certain city and country. Follow the model.

Modèle: Juanita/Mexico City
Juanita est allée à Mexico City, au Mexique.

1. David/Phoenix

   ____

2. Mahmoud/Abidjan

   ____

3. Yasmine/Casablanca

   ____

4. Anne-Marie/Genève

   ____

5. Takeshi (m.)/Tokyo

   ____

6. Isabella/Florence

   ____

7. Jean-Christophe/Dakar

   ____

8. Francine/Québec

   ____

Leçon B

---

12 | Complete each sentence with the most appropriate expression from the list.

une lettre   un magazine

une bande dessinée   un message

UN JOURNAL

une carte   un roman

1. Je donne _________________________ de Hallmark à Virginie pour son anniversaire.

2. _________________________ est un bon cadeau pour un enfant.

3. *Gone with the Wind* est _________________________ célèbre.

4. J'ai _________________________ de ma correspondante française.

5. *Elle* est _________________________ de mode (*fashion*).

6. *The New York Times* est _________________________ américain.

7. Mon prof a _________________________ pour mes parents.

---

13 | Match the French name for each farm animal with the letter of its English equivalent.

_____ 1. un coq		A.	hen
_____ 2. un lapin		B.	turkey
_____ 3. un cheval		C.	sheep
_____ 4. un canard		D.	rooster
_____ 5. un mouton		E.	goat
_____ 6. une chèvre		F.	cow
_____ 7. une poule		G.	rabbit
_____ 8. une vache		H.	horse
_____ 9. un cochon		I.	duck
_____ 10. un dindon		J.	pig

14 | Complete the crossword puzzle with new expressions from **Leçon B**.

Across

1. Le fermier travaille dans le....

4. J'... une lettre à mes grands-parents.

8. Je suis obligé(e) de... ma chambre le weekend.

10. Ma mère... notre chien le matin.

11. Ton cadeau de Noël? C'est une....

12. Le père de Julien est homme d'affaires, et il aime son....

Down

2. L'étang est... de canards.

3. Les cowboys ne prennent pas de voiture; ils....

5. Dans la... de Béatrice il y a beaucoup d'animaux.

6. Les vaches passent l'hiver dans la....

7. On... dans un lit.

9. La géométrie et l'algèbre (f.) sont... pour beaucoup d'élèves.

12. Martine est rentrée... hier soir à 17h00.

13. Est-ce que tu... le journal chaque jour?

---

15 | Some students stayed up all night finishing their research papers and slept from 10:00 A.M. to 6:00 P.M. the next day. Say whether or not each student is sleeping at the given time.

Modèles: je/deux heures et quart du matin
Je ne dors pas.

Arnaud/onze heures moins cinq du matin
Arnaud dort.

1. François/une heure du matin

   ____

2. Karim et Jean-Luc/midi et quart

   ____

3. je/deux heures de l'après-midi

   ____

4. Élisabeth et toi, vous/trois heures moins le quart du matin

   ____

5. tu/quatre heures dix du matin

   ____

6. Clémence/onze heures vingt-cinq du matin

   ____

7. Véronique et moi, nous/cinq heures de l'après-midi

   ____

8. Juliette et Marie-France/quatre heures moins vingt-cinq du matin

   ____

---

16 | Write the appropriate form of **lire** in each blank.

1. Marc et moi, nous ____________________ le message de notre prof.
2. Je ____________________ la lettre de mon correspondant.
3. Les élèves ne ____________________ pas de bande dessinée en cours.
4. Tu ____________________ un magazine de sport.
5. Julie ____________________ la carte de son amie.
6. Est-ce que vous ____________________ un roman d'Alexandre Dumas?
7. Jérôme ____________________ un journal anglais.
8. Martine et Joëlle ____________________ le nouveau roman de Stephen King.

17 Complete each sentence with the appropriate form of **dormir** or **lire**.

1. M. Monnier _________________ *Le Figaro* chaque jour.

2. Les bons élèves ne _________________ pas en cours.

3. Je _________________ le message de mon amie.

4. Le weekend Serge _________________ jusqu'à dix heures du matin.

5. Patrick et Michèle _________________ un roman de Victor Hugo.

6. Est-ce que tu _________________ devant la télé?

7. Nous _________________ un magazine français.

8. Est-ce que vous _________________ bien dans une tente?

POUR TOI

Ordinal numbers

To form most ordinal numbers in French, add **-ième** to the cardinal number. If a cardinal number ends in **-e**, drop the **-e** before adding **-ième**. Note that there are a few irregular ordinal numbers.

1er, 1ère = premier, première	6e = sixième
2e = deuxième	7e = septième
3e = troisième	8e = huitième
4e = quatrième	9e = neuvième
5e = cinquième	10e = dixième

George W. Bush est le **quarante-troisième** président des États-Unis.

To express "first" in "twenty-first," "thirty-first," etc., change "un" to "unième."

Cindy est la **vingt et unième** à arriver.

18 Tell how your classmates placed in a recent fundraising event at school.

Modèles: Bill/4ᵉ

Bill est le quatrième.

Mary/6ᵉ

Mary est la sixième.

1. Monica/1ᵉʳᵉ

   ____

2. Jill/9ᵉ

   ____

3. Tim/3ᵉ

   ____

4. Garrett/5ᵉ

   ____

5. Amber/8ᵉ

   ____

6. Nick/10ᵉ

   ____

7. Ben/7ᵉ

   ____

8. Angie/21ᵉ

   ____

19 Parisians often use ordinal numbers to tell what section of the city they live in. You remember that Paris is divided into *arrondissements* or districts. Tell where certain Parisians live. Follow the model.

Modèle: M. Moreau/15

      Il habite dans le quinzième.

1. Mlle Foubert/16

   ____

2. Mme Chesnot/12

   ____

3. M. Leymarie/6

   ____

4. Jules et Renée/2

   ____

5. M. et Mme Lassalle/13

   ____

6. Mlle Saloux/18

   ____

7. Christiane et Marie/4

   ____

8. mes correspondants/14

   ____

POUR TOI

Irregular plural forms of nouns and adjectives

Do you remember how to make irregular nouns and adjectives plural?

Singular	Plural
nouveau	nouveaux
animal	animaux
jeu	jeux

Nouns and adjectives already ending in **s** or **x** in the singular do not change in the plural.

Singular	Plural
autobus	autobus
frais	frais
heureux	heureux
amoureux	amoureux

Some irregular adjectives never change form, even in the plural.

orange

marron

super

sympa

bon marché

20 | Write the appropriate plural form of the most logical noun or adjective from the list.

> nouveau   frais   FEU   amoureux
> autobus   heureux   bateau   cheval

1. Le 14 juillet il y a des _________________ d'artifice en France.
2. Dans la ferme de Béatrice il y a beaucoup de beaux _________________.
3. Roméo et Juliette sont des ados _________________.
4. Au grand magasin j'ai choisi de _________________ pulls.
5. Maman et papa sont _________________ parce que j'ai nettoyé le salon.
6. Les _________________ sur le fleuve sont pleins de touristes.
7. Je prends deux _________________ pour aller au centre commercial.
8. Chaque matin Mlle Fossey achète des croissants _________________ à la boulangerie.

21 | Say what Raoul bought at the mall, changing each item from the singular to the plural.

Modèle: un chapeau
Raoul a acheté des chapeaux.

1. un tableau

   ____

2. un jeu vidéo

   ____

3. un oiseau

   ____

4. un manteau

   ____

5. un journal

   ____

6. un cadeau

   ____

Leçon C

22 | Find and circle the names of ten foods and beverages in French.

```
L  D  Q  U  U  D  G  D  S  L  C  A  F  E  P
E  N  Z  D  I  U  Y  J  W  E  B  N  S  L  G
M  A  X  G  S  E  L  U  O  M  X  C  Q  Q  R
A  L  A  A  K  É  H  T  N  V  A  I  K  R  K
R  E  M  E  D  S  T  I  U  R  F  U  L  B  A
A  K  E  P  Q  C  V  I  G  P  M  F  F  I  P
C  Z  V  X  T  U  F  O  D  G  Q  Y  B  J  Z
E  D  Z  Z  A  X  T  E  F  U  R  Z  R  B  R
M  P  P  Q  W  S  I  C  C  J  R  T  Y  L  J
È  Q  O  E  V  L  A  V  Y  G  I  C  R  A  U
R  C  T  Y  Q  T  S  U  W  L  S  Z  U  A  D
C  G  A  X  E  K  U  Z  M  Q  V  N  Y  V  Y
I  J  G  E  V  M  R  M  H  O  I  I  Q  R  D
D  X  E  M  A  V  C  M  J  M  N  C  V  E  U
```

23 Complete the crossword puzzle with new words from **Leçon C**.

Across

3. Monsieur, je voudrais faire une...
   pour trois personnes.

5. Le 24 décembre il y a beaucoup
   de... au centre commercial.

7. Tu aimes toujours le... à 20 euros?

9. Je te... le restaurant où
   j'ai mangé hier soir. C'est
   magnifique!

10. J'aime les œufs à la sauce....

Down

1. Vous avez le... entre du thé ou du
   café, Messieurs.

2. L'école va... le 5 juin.

4. Vous voulez payer, Madame?
   Voici l'....

6. Au buffet on peut... beaucoup de
   plats différents.

8. En... nous allons prendre des
   moules.

POUR TOI

Present tense of the irregular verbs **vouloir**, **pouvoir**, **devoir** and **falloir**

Do you remember the forms of the verbs **vouloir**, **pouvoir**, **devoir** and **falloir**?

vouloir (*to want*)

je	veux	nous	voulons
tu	veux	vous	voulez
il/elle/on	veut	ils/elles	veulent

pouvoir (*to be able to*)

je	peux	nous	pouvons
tu	peux	vous	pouvez
il/elle/on	peut	ils/elles	peuvent

devoir (*to have to*)

je	dois	nous	devons
tu	dois	vous	devez
il/elle/on	doit	ils/elles	doivent

falloir (*to be necessary, to have to*)

il	faut

24 Tell whether or not certain people want to do what is indicated. Follow the models.

Modèles: Maman fait de la crème caramel. (la famille/goûter le dessert)
La famille veut goûter le dessert.

Il fait froid. (tu/nager)
Tu ne veux pas nager.

1. Il n'y a pas de place dans le restaurant ce soir. (nous/faire une réservation pour demain soir)

____

2. Les animaux ont faim. (la fermière/nourrir les animaux)

____

3. C'est l'anniversaire de Caro dans quatre mois. (vous/envoyer son cadeau aujourd'hui)

____

4. Les Monterrand préfèrent les fruits comme dessert. (les serveurs/recommander la mousse au chocolat)

____

5. Je suis fatigué(e). (je/faire du sport)

____

6. Tes amis ont beaucoup fait le weekend dernier. (tu/écouter leurs histoires une par une)

____

7. Le train part bientôt. (Gilbert/attendre au quai)

____

8. Il pleut. (Denise et Pascale/faire une promenade à vélo)

____

25 The French teacher, Mme Coleman, wants help putting up a new bulletin board, but everyone is busy. Say that they can't help her and explain what they must do instead. Follow the model.

Modèle: François (étudier pour l'interro)
François ne peut pas aider Mme Coleman. Il doit étudier pour l'interro.

1. Jean-Pierre et moi, nous (jouer au basket)

____

____

2. tu (nourrir les animaux)

____

____

3. Anne (aider sa grand-mère)

____

____

4. Delphine et Élodie (faire une excursion en bus)

____

____

5.   je (nettoyer ma chambre)

____

____

6.   Lucien (faire les courses)

____

____

7.   Chantal et toi, vous (faire le dîner)

____

____

8.   Martine et Karine (acheter des vêtements)

____

____

---

26 Lisa is going to be a foreign exchange student in Paris next year. What advice does her French teacher give her? Follow the models.

Modèles: visiter les musées
Il faut visiter les musées.

dormir jusqu'à midi
Il ne faut pas dormir jusqu'à midi.

1.   faire une excursion en bateau sur la Seine

____

2.   envoyer des cartes postales

____

3.   aller toujours au Macdo

____

4.   acheter un dictionnaire

____

5.   parler anglais à tout le monde

____

6.   marcher dans le bois de Boulogne

____

7. prendre beaucoup de photos

____

8. voir les monuments

____

The partitive article

To express "some" or "any," combine **de** with a singular definite article (**le**, **la** or **l'**). The plural combined form is **des**.

> Prenez **du** vin blanc.

> Je voudrais **de la** crème caramel.

> **De** l'eau minérale, s'il vous plaît.

> Tu choisis **des** escargots?

Remember that **du, de la, de l'** and **des** change to **de (d')** in negative sentences.

> Tu ne veux pas **de** dessert?

27 Imagine you are a server in a French café. Based on what your customers say, suggest which item from the menu they should order. Follow the model.

Modèle: J'adore les fruits de mer.
Alors, prenez du saumon à la sauce hollandaise.

1. Je n'aime pas le vin blanc.

____

2. J'ai froid et j'ai faim.

____

C'EST À TOI!
Level Two

3. Je préfère le poulet.

   ____

4. Je voudrais une boisson chaude.

   ____

5. Je voudrais un dessert.

   ____

6. Je suis végétarien(ne).

   ____

7. J'ai soif.

   ____

Unité 4   *La vie quotidienne*

Leçon A

1 | Complétez chaque phrase avec l'expression convenable (*appropriate*) dans la liste suivante (*following*).

> un gant de toilette   le shampooing   le dentifrice
>
> le savon   une serviette   une brosse à dents   une glace

1. Je me lave les mains avec _______________________.

2. Quand je vais à la plage, je dors sur _______________________.

3. Je me brosse les dents avec _______________________ et

   _______________________.

4. Je me lave les cheveux avec _______________________.

5. Je me regarde dans _______________________.

6. Je me lave le corps avec _______________________.

2 | Choisissez l'expression à droite qui (*that*) exprime (*expresses*) la même (*same*) idée que l'expression à gauche et écrivez (*write*) sa lettre dans le blanc.

_______ 1. Renée se brosse les dents.	A.	Renée goes to bed.
_______ 2. Renée se réveille.	B.	Renée undresses.
_______ 3. Renée se couche.	C.	Renée looks at herself.
_______ 4. Renée s'habille.	D.	Renée gets dressed.
_______ 5. Renée se lave.	E.	Renée brushes her teeth.
_______ 6. Renée se regarde.	F.	Renée washes herself.
_______ 7. Renée se lève.	G.	Renée gets up.
_______ 8. Renée se déshabille.	H.	Renée wakes up.

3 | Complétez les mots croisés (*crossword*). Les expressions viennent du vocabulaire de la Leçon A.

Horizontalement

1. Le Mexique est un... au sud des États-Unis.

6. Ottawa est la... du Canada.

7. Quand on va à l'université, on préfère avoir un(e)... de chambre avec qui on sympathise bien.

8. Après l'école secondaire, beaucoup d'élèves continuent à étudier à l'....

Verticalement

2. Vous cherchez des chaussures? Allez... la boutique.

3. Est-ce que tu... bien avec tes amis?

4. Le Louvre est moins... que la tour Eiffel.

5. Il y a un... entre ma chambre et les W.-C.

7. Un marathon est une....

Reflexive verbs

P O U R   T O I

Reflexive verbs are very common in French. Use reflexive verbs to describe your daily routine.

Je **me lève** à sept heures. *I get up at 7:00.*

A reflexive pronoun (**me, te, se, nous, vous**) precedes each reflexive verb form. Reflexive pronouns represent the same person as the subject. Here are the present tense forms of the reflexive verb **s'habiller**, meaning "to get dressed."

s'habiller

je	m'habille	nous	nous habillons
tu	t'habilles	vous	vous habillez
il/elle/on	s'habille	ils/elles	s'habillent

Use the definite article rather than the possessive adjective to express the action of doing something to a part of one's own body.

Sylvie se lave **la** figure. *Sylvie washes her face.*

Many verbs may be reflexive or non-reflexive. The reflexive pronoun is omitted in sentences that have a non-reflexive verb. Compare the use of reflexive and non-reflexive verbs in the following sentences:

Marie-France **se lave**. *Marie-France washes herself.*

Marie-France **lave** la voiture. *Marie-France washes the car.*

Ne goes in front of the reflexive pronoun and **pas** goes after the verb in a negative sentence.

Tu **ne te** couches **pas** tôt. *You don't go to bed early.*

Put the subject pronoun after the form of the verb and the reflexive pronoun in front of the verb in a question using inversion.

Avec quoi te brosses-**tu** les dents? *With what do you brush your teeth?*

---

4 | Complétez les phrases suivantes avec **me (m')**, **te (t')**, **se (s')**, **nous** ou **vous**.

1. Je _________________ déshabille dans la salle de bains.

2. Mireille _________________ regarde dans la glace.

3. Tu _________________ laves avec quel savon?

4. À quelle heure les élèves _________________ réveillent-ils?

5. Vous _________________ levez tôt pendant la semaine.

6. Nous ________________ brossons les dents après le petit déjeuner.

7. Dans la ferme on ________________ habille en jean.

8. Notre chien ________________ couche sur mon lit.

---

5 | Écrivez des phrases complètes en choisissant (*by choosing*) l'expression la plus logique selon la situation.

> **se lever tôt**   *se regarder dans la glace*   *se réveiller*
>
> se brosser les cheveux   *s'habiller bien*
>
> *se déshabiller*   **se brosser les dents**   **se laver les mains**

1. Nous allons piqueniquer.

   ____

2. Les filles vont au bal.

   ____

3. Tu viens de manger.

   ____

4. Il fait du vent et Juliette n'aime pas ses cheveux.

   ____

5. Hier soir Martin et Angèle n'ont pas étudié pour l'interro.

   ____

6. Vous allez vous coucher.

   ____

7. J'entends (*hear*) le réveil-matin (*alarm clock*).

   ____

8. On met un nouvel ensemble.

   ____

6 Comparez vos activités habituelles pendant la semaine et pendant le weekend. Suivez (*follow*) le modèle.

Modèle: *Pendant la semaine je me couche à dix heures. Le weekend je me couche à minuit.*

____

____

____

____

____

____

____

7 Répondez (*answer*) aux questions suivantes en écrivant (*by writing*) des phrases complètes.

1. Avec quel dentifrice ton ami se brosse-t-il les dents?

   ____

2. En quoi t'habilles-tu pour aller à une boum?

   ____

3. À quelle heure est-ce que tes parents se lèvent pendant la semaine?

   ____

4. Te laves-tu avec du savon français?

   ____

5. Combien de fois par jour est-ce que tu te brosses les dents?

   ____

6. À quelle heure te réveilles-tu le weekend?

   ____

7. Où te déshabilles-tu?

   ____

8. Te couches-tu tôt quand il y a une interro?

   ____

9. Est-ce que tu te regardes dans la glace quand tu t'habilles?

   ____

8 Récrivez (*rewrite*) les phrases suivantes au négatif. Suivez le modèle.

Modèle: Vous vous couchez à dix heures.
Vous ne vous couchez pas à dix heures.

1. Nous nous brossons les cheveux.

   ____

2. Tu te regardes quand tu t'habilles.

   ____

3. Mes grands-parents se couchent tôt.

   ____

4. Chloé se lève à sept heures.

   ____

5. Vous vous lavez la figure chaque soir.

   ____

6. Je m'habille en jean.

   ____

7. Henri se réveille à l'heure.

   ____

8. Marie et Anne se déshabillent dans leur chambre.

   ____

9 | Écrivez des questions que vous pouvez poser (*ask*) à vos amis. Suivez le modèle.

Modèle: quand/tu/se lever

Quand te lèves-tu?

1. en quoi/tu/s'habiller

   ____

2. à quelle heure/Marion/se réveiller

   ____

3. pourquoi/vous/se laver les mains

   ____

4. quand/tu/se regarder dans la glace

   ____

5. avec quel shampooing/tes frères/se laver les cheveux

   ____

6. où/nous/se coucher pendant le voyage

   ____

7. pourquoi/Léon/se brosser les dents avec du sel

   ____

8. dans quelle pièce/tu/se déshabiller

   ____

Leçon B

10 Complétez chaque phrase avec l'expression convenable dans la liste suivante.

> *une machine à laver* *un aspirateur* **un fer à repasser**
> *un sèche-linge* **une tondeuse** *un lave-vaisselle*

1. Quand on nettoie le tapis, on utilise _________________________________.
2. Quand on fait sécher le linge, on utilise _________________________________.
3. Quand on repasse sa chemise, on utilise _________________________________.
4. Quand on tond la pelouse, on utilise _________________________________.
5. Quand on fait la lessive, on utilise _________________________________.
6. Quand on fait la vaisselle, on utilise _________________________________.

11 Choisissez l'expression à droite qui exprime la même idée que l'expression à gauche et écrivez sa lettre dans le blanc.

_______ 1.	repasser	A.	to pick up the living room
_______ 2.	tondre la pelouse	B.	to change one's sheets
_______ 3.	sortir la poubelle	C.	to do the laundry
_______ 4.	ranger le salon	D.	to dry clothes
_______ 5.	faire sécher le linge	E.	to iron
_______ 6.	enlever la poussière	F.	to water the plants
_______ 7.	faire la lessive	G.	to mow the lawn
_______ 8.	arroser les plantes	H.	to take out the garbage can
_______ 9.	faire la vaisselle	I.	to vacuum
_______ 10.	changer ses draps	J.	to dust
_______ 11.	passer l'aspirateur	K.	to do the dishes

12 | Complétez les mots croisés. Les expressions viennent du vocabulaire de la Leçon B.

Horizontalement

1. Le soir je... devant la télé.

7. Quand je passe l'aspirateur et enlève la poussière, je fais le....

9. La police... les voitures qui vont trop vite.

10. Je voudrais... mon CD de Céline Dion pour ton CD de Britney Spears.

Verticalement

2. On... quand on est en retard.

3. Les élèves n'aiment... faire les devoirs.

4. C'est... qu'il faut attendre les vacances.

5. Je donne un... à mes grands-parents quand je tonds la pelouse.

6. Comme..., j'aide mes parents à faire le ménage le samedi matin.

8. La vaisselle est une... que je fais chaque soir.

Grammar and Vocabulary Exercises

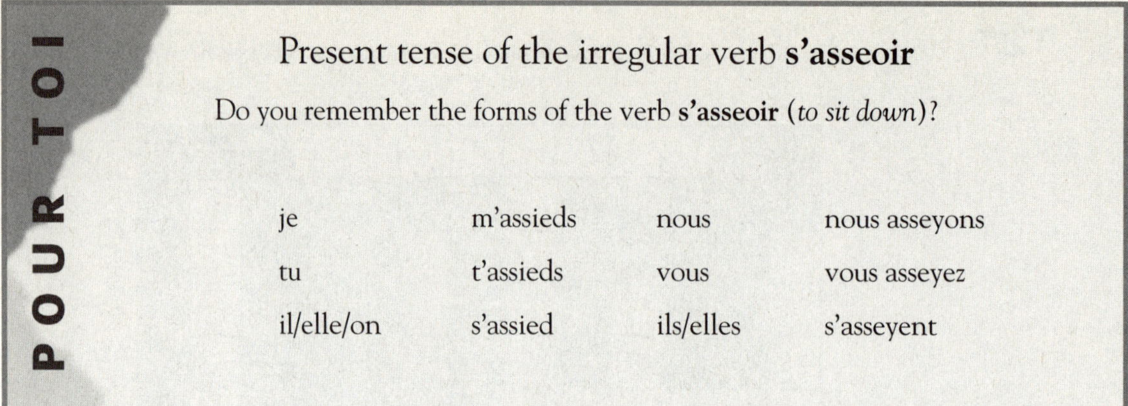

POUR TOI

Present tense of the irregular verb **s'asseoir**

Do you remember the forms of the verb **s'asseoir** (*to sit down*)?

je	m'assieds	nous	nous asseyons
tu	t'assieds	vous	vous asseyez
il/elle/on	s'assied	ils/elles	s'asseyent

---

13 Dites (*say*) si les personnes suivantes s'asseyent ou pas. Suivez les modèles.

Modèles: Tu fais une promenade en voiture.
Tu t'assieds.

Simone passe l'aspirateur.
Elle ne s'assied pas.

1. Solange change ses draps.

   ____

2. Je regarde la télé.

   ____

3. Ton frère et toi, vous mangez le petit déjeuner.

   ____

4. Nicole et Gérard arrosent les plantes.

   ____

5. Tu sors la poubelle.

   ____

6. Jean-Marc écoute son prof.

   ____

7. Mes parents et moi, nous tondons la pelouse.

   ____

8. Hélène et Thérèse lisent le journal.

   ____

14 | Complétez les mots croisés avec les formes convenables du verbe **s'asseoir**.

Horizontalement

4. Dans la cantine je... à côté de mon copain.

6. Albert et moi, nous... à gauche de Christine.

Verticalement

1. Éric et toi, vous... dans le canapé.

2. Tu... à table.

3. Mes grands-parents... dans leurs vieux fauteuils.

5. Daniel... devant la télé.

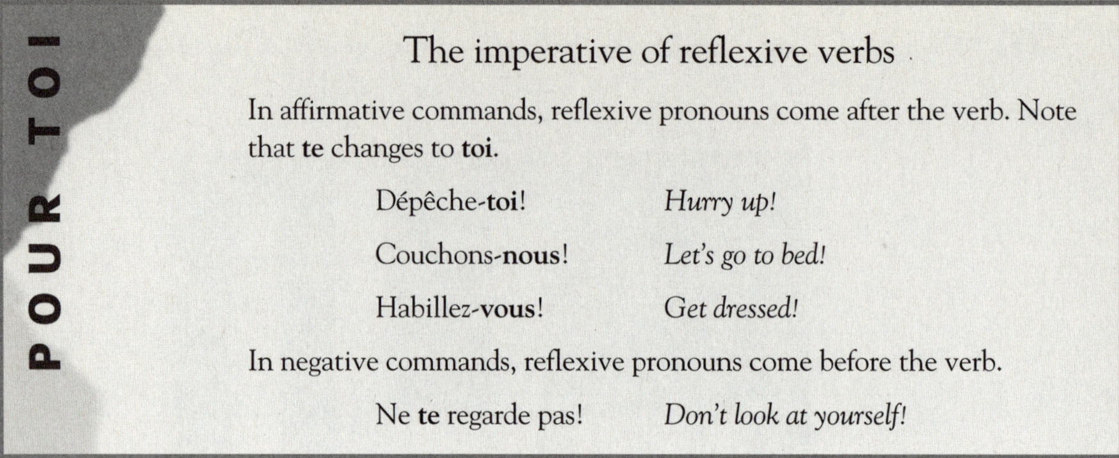

POUR TOI

The imperative of reflexive verbs

In affirmative commands, reflexive pronouns come after the verb. Note that **te** changes to **toi**.

Dépêche-**toi**!	*Hurry up!*
Couchons-**nous**!	*Let's go to bed!*
Habillez-**vous**!	*Get dressed!*

In negative commands, reflexive pronouns come before the verb.

Ne **te** regarde pas!	*Don't look at yourself!*

---

15 Vous faites du baby-sitting pour votre petit cousin. Il ne vous entend (*hear*) pas la première fois. Alors, dites la même chose d'une manière (*way*) différente. Utilisez les verbes dans la liste suivante.

> se lever   **se réveiller**   *se dépêcher*   *se coucher*
>
> se regarder dans la glace   s'habiller

1. Ne dors plus!

   ____

2. Ne reste pas au lit!

   ____

3. Va plus vite!

   ____

4. Mets tes vêtements!

   ____

5. Regarde ta figure!

   ____

6. Va au lit!

   ____

16 | Mettez les ordres suivants au pluriel.

1. Dépêche-toi!

   ____

2. Réveille-toi!

   ____

3. Brosse-toi les dents!

   ____

4. Assieds-toi!

   ____

5. Lave-toi les mains!

   ____

6. Déshabille-toi!

   ____

7. Lève-toi!

   ____

8. Couche-toi!

   ____

17 | Selon la situation, suggérez ce que (*what*) vous et vos copains devez faire. Écrivez des phrases en choisissant l'expression convenable dans la liste suivante. Suivez le modèle.

> s'asseoir devant la télé   s'habiller en jean   se dépêcher
> s'habiller bien   se laver les mains
> se coucher tôt   se brosser les dents

Modèle: On vient de manger de la mousse au chocolat.
   Brossons-nous les dents!

1. Il y a une interro demain.

   ____

2. On va au bal.

   ____

                    Grammar and Vocabulary Exercises   

3. Il y a une bonne émission (*program*) à la télé.

   ____

4. Vous servez des chips.

   ____

5. On nettoie la grange.

   ____

6. Le train va partir dans cinq minutes.

   ____

---

18 Mettez les phrases suivantes au négatif. Suivez le modèle.

Modèle: Réveille-toi tout de suite!
              Ne te réveille pas tout de suite!

1. Déshabille-toi maintenant!

   ____

2. Levons-nous tôt!

   ____

3. Lavez-vous la figure!

   ____

4. Couchons-nous à minuit!

   ____

5. Assieds-toi à côté de moi!

   ____

6. Dépêche-toi!

   ____

7. Brossez-vous les cheveux!

   ____

8. Regardons-nous dans la glace!

   ____

Leçon C

19 | Complétez chaque phrase avec l'expression convenable dans la liste suivante.

---

un sèche-cheveux   le mascara   une brosse à cheveux

un peigne

un rasoir   le maquillage   LE ROUGE À LÈVRES

---

1. Les filles se maquillent avec _______________________________________.

2. Robert se rase avec _______________________________________.

3. Barbara se maquille les yeux avec _______________________________________.

4. Pour sécher les cheveux, j'utilise _______________________________________.

5. Tu te peignes avec _______________________________________.

6. Catherine se maquille les lèvres avec _______________________________________.

7. Vous vous brossez les cheveux avec _______________________________________.

20 | Répondez aux questions avec des phrases complètes.

1. Te peignes-tu ou te brosses-tu les cheveux?

   ____

2. Avec quoi est-ce que tu te sèches les cheveux?

   ____

3. Avec quoi ta mère se maquille-t-elle?

   ____

4. Est-ce que tu te rases?

   ____

5. Ton père a-t-il une barbe?

   ____

6. Avec quoi est-ce que tu te peignes?

   ____

21 | Complétez les mots croisés. Les expressions viennent du vocabulaire de la Leçon C.

Horizontalement

4. Pour... pour l'école, les élèves mettent leurs livres dans leurs sacs à dos.

5. Serge a bien étudié; alors, il est... pour l'interro.

8. Les hommes qui ont une barbe ne doivent pas....

9. Pour un mariage..., la mariée se déguise en homme et le marié se déguise en femme.

Verticalement

1. Kelsey Grammer est un homme....

2. En France on va à l'église ou à la mairie pour voir les....

3. Brad Pitt et Jennifer Aniston sont le plus beau... de Hollywood.

4. Le 31 octobre on aime... aux États-Unis.

6. Le Père Noël a une... blanche.

7. Devant la mairie on prend une photo du marié et de la....

Passé composé of reflexive verbs

In the **passé composé**, reflexive verbs are formed with **être**.

Marcel **s'est préparé** pour l'école. *Marcel got ready for school.*

Here is the **passé composé** of **se peigner**. Note that the reflexive pronoun, the form of **être** and the ending of the past participle all agree with the subject.

je	me	suis	peigné(e)
tu	t'	es	peigné(e)
il	s'	est	peigné
elle	s'	est	peignée
nous	nous	sommes	peigné(e)s
vous	vous	êtes	peigné(e)(s)(es)
ils	se	sont	peignés
elles	se	sont	peignées

Note that in the second sentence below there is no agreement between the past participle and the subject because the reflexive verb is followed by a noun.

Ils se sont **lavés**. *They washed.*

Ils se sont **lavé** les mains. *They washed their hands.*

Ne comes before the reflexive pronoun and **pas** after the form of **être** in a negative sentence in the **passé composé**.

Elle **ne** s'est **pas** peignée. *She didn't comb her hair.*

To ask a question in the **passé composé** using inversion, put the subject pronoun after the form of **être**.

T'es-**tu** maquillée? *Did you put on makeup?*

---

22 Écrivez des phrases en disant (*by saying*) que tout le monde s'est préparé pour quelque chose. Suivez le modèle.

Modèle: Madeleine/le bal

Madeleine s'est préparée pour le bal.

1. Jacques et moi, nous/Noël

____

2. je/l'école

____

3. Damien/la boum

____

4. Mme Tardieu/le travail

____

5. tu/le dîner

____

6. Laurent et toi, vous/les vacances

____

7. Bernadette et Claire/le voyage

____

8. les Français/la fête

____

23 Complétez les mots croisés avec le participe passé (*past participle*) convenable.

Horizontalement

3. Martin et moi, nous nous sommes... pour arriver à l'heure.

5. Pour travailler, M. Delavigne s'est... d'un costume.

8. Noëlle s'est... avec un peigne.

9. Le 31 octobre Jules et toi, vous vous êtes....

10. Alex et moi, nous nous sommes... pour l'école dans quinze minutes.

Verticalement

1. Jacques et Georges se sont... avec un rasoir.

2. Marie-José s'est... avec du maquillage.

4. Juliette et Virginie se sont... après minuit.

6. Alice s'est... les dents.

7. Les élèves se sont... à six heures et demie.

24 Dites ce que certaines personnes ont fait en choisissant une expression dans la liste suivante.

> se déguiser s'habiller se maquiller
>
> se préparer pour l'école se raser se brosser les dents
>
> se brosser les cheveux se coucher

1. Max a mis ses livres dans son sac à dos.

   ____

2. Mes copines ont mis leurs pyjamas.

   ____

3. Julien et Hugues ont pris leurs rasoirs.

   ____

4. Mlle Marceau a pris son rouge à lèvres.

   ____

5. Tu as pris le dentifrice.

   ____

6. J'ai mis mes vêtements.

   ____

7. Malick et moi, nous avons pris nos brosses à cheveux.

   ____

8. Marie-Claire et toi, vous avez mis un costume (*costume*).

   ____

  Grammar and Vocabulary Exercises ©EMC

25 | Récrivez les phrases suivantes au négatif.

1. Yvonne s'est maquillée.

   ____

2. Je me suis lavé les cheveux.

   ____

3. Tu t'es réveillé tôt.

   ____

4. Nous nous sommes déguisés.

   ____

5. Vous vous êtes regardées dans la glace.

   ____

6. Yves s'est préparé pour l'interro.

   ____

7. Pierre et Hervé se sont rasés.

   ____

8. Fabienne et Yvette se sont peignées.

   ____

26 | Formez des questions pour demander (*ask*) si tout le monde a fait les activités indiquées pour se préparer pour le Carnaval à la Martinique. Suivez les modèles.

Modèles: Fred/brosser les dents
Fred, t'es-tu brossé les dents?

M. Boulet/se maquiller avec du mascara
M. Boulet, vous êtes-vous maquillé avec du mascara?

1. Mme Dutoit/déguiser en homme

   ____

2. Chloé/se peigner

   ____

3. Nancy et Paulette/se laver les mains

   ____

4. Manu/se regarder dans la glace

   ____

5. M. Ruquier/se déguiser en femme

   ____

6. Bruno/se laver les cheveux

   ____

7. Sylvain et Renaud/se dépêcher

   ____

8. Marie/se brosser les dents

   ____

Unité 5   *Sports et Loisirs*

Leçon A

1 | Trouvez les mots pour neuf sports.

```
B H T G U U X I T Y N H E F S
L J S V V T U L L D O L C K N
O D Z R R K J C U É I M I T F
N T A Z V E R S J O T N B L G
N Z V Q E L I O V Z A A O Q N
Y L H X B S J À H U L G R Q U
P R M I S P E N T N U G É A A
P U A E F H E I C U C I A E K
Ë O N A C T Q W K Z S T G Z L
Q W N N U U F H Y C U Y Q M W
B W A U E G S P Q A M T Q F O
N L T X X L I Y C T L G O T G
P W C C L V C S J W X D B B O
```

2 Complétez les mots croisés. Les expressions viennent du vocabulaire de la Leçon A.

Horizontalement

2. Est-ce que tu... une carte d'anniversaire à ta cousine?

4. Pour jouer au foot et au basket, il faut....

6. Lisette joue au tennis, au golf et au foot. Elle est très....

8. Quand on n'est pas occupé, on est....

9. Je... mon chat quand je lui (*to him*) donne du saumon.

10. Quand ton ami(e) t'offre un cadeau, il faut... ton ami(e).

Verticalement

1. Mon copain a perdu 0 à 15. Je joue... que mon copain.

3. Les vacances sont...!

5. Pour jouer au tennis, on a besoin d'une....

7. Le 25 décembre on... Noël.

Present tense of the irregular verb **offrir**

Do you remember the forms of the verb **offrir** (*to offer, to give*)?

j'	offre	nous	offrons
tu	offres	vous	offrez
il/elle/on	offre	ils/elles	offrent

The irregular past participle of **offrir** is **offert**.

Quel cadeau as-tu **offert** à ton ami?   *What gift did you give your friend?*

3 | Choisissez le cadeau d'anniversaire convenable que tout le monde offre. Suivez le modèle.

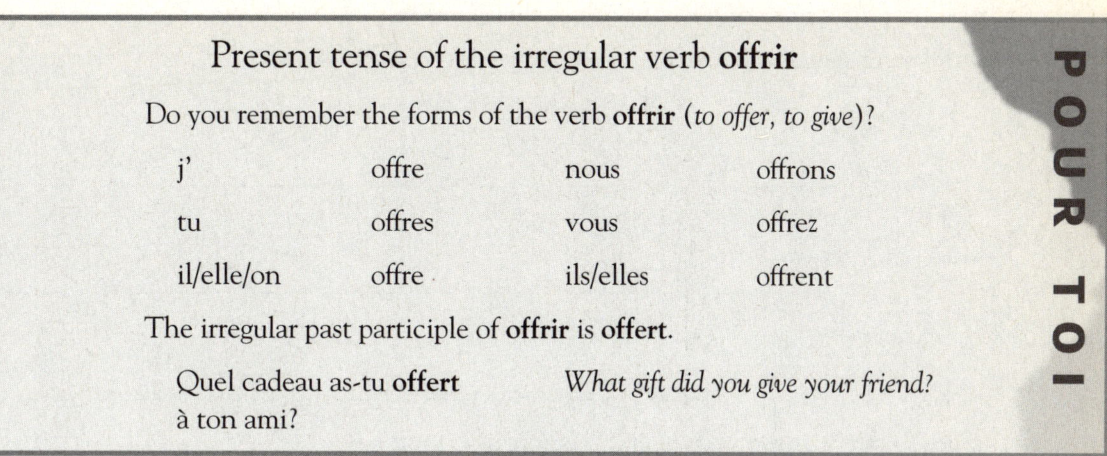

Modèle: vous/votre tante qui aime l'art
Vous offrez un objet d'art à votre tante.

1.   je/mon ami qui est sportif

____

2.   Bastien/son cousin qui a sept ans

____

3.   tu/ton oncle qui aime lire

____

4.   Agnès et moi, nous/notre ami qui aime la musique

____

5.   Charlotte et Didier/leur mère qui aime le cinéma

____

6.   vous/votre sœur qui aime skier

____

7.   Gabrielle et France/leur grand-mère qui aime les animaux

____

4 Dites ce que chaque personne a offert de faire pour la boum.

1. Marthe et moi, nous/faire une pizza

   ____

2. tu/acheter de la limonade

   ____

3. Ève et Lionel/choisir des CDs

   ____

4. Serge et toi, vous/téléphoner à tout le monde

   ____

5. je/faire la vaisselle

   ____

6. Michel/mettre la table

   ____

7. Sonia et Josette/chercher un film

   ____

8. Rose/ranger le salon

   ____

POUR TOI

Present tense of the irregular verb **courir**

Do you remember the forms of the verb **courir** (*to run*)?

je	cours	nous	courons
tu	cours	vous	courez
il/elle/on	court	ils/elles	courent

Couru, the past participle of **courir**, is irregular.

J'ai **couru** à la banque.   *I ran to the bank.*

5 Il pleut, donc tout le monde court à sa destination. Écrivez des phrases complètes en choisissant la forme convenable de **courir**.

1. M. Mairesse/à la boulangerie

   ____

2. le couple/à la mairie

   ____

3. je/à la maison

   ____

4. la serveuse/au café

   ____

5. tu/à la librairie

   ____

6. Florence et moi, nous/au stade

   ____

7. les élèves/à la bibliothèque

   ____

8. Zohra et Laure/à la crémerie

   ____

9. Angèle et toi, vous/au supermarché

   ____

Direct object pronouns: **me, te, nous, vous**

In the sentences below, the pronouns in bold are called direct object pronouns. They receive the verb's action and answer the question "who" or "what."

Tu **m'**invites?	*Are you inviting me?*
Pierre **te** trouve jolie.	*Pierre finds you pretty.*
Le prof **nous** regarde.	*The teacher's looking at us.*
Je **vous** aide?	*May I help you?*

Note the position of direct object pronouns in sentences that are interrogative, negative or have an infinitive.

Vous gâte-t-il?	*Does he spoil you?*
Non, je ne **te** vois pas.	*No, I don't see you.*
Anne va **me** chercher.	*Anne is going to look for me.*

Here are some other verbs that also take direct object pronouns:

accompagner = *to accompany*

apporter = *to bring*

entendre = *to hear*

---

6 Complétez les dialogues suivants avec **me (m')**, **te (t')**, **nous** ou **vous**.

1. —Tu _________________ invites au café, Robert?

   —Non, ma chérie, je _________________ invite au restaurant.

2. —Je _________________ vois après le travail, Chantal?

   —Oui, bien sûr. Tu vas _________________ trouver sur la place, comme d'habitude.

3. —Grand-mère, pourquoi est-ce que tu _________________ gâtes, Cédric et moi?

   —Parce que je _________________ aime.

4. —Vous _________________ attendez, Corinne et moi, dans la cantine?

   —Oui, je _________________ attends près de la porte.

5. —Christiane et Fabrice, nous allons _________________ aider après les cours.

   —Nous _________________ remercions, les copains.

6. —Claude, ta mère _________________ apporte du thé quand tu es malade?

   —Non, elle _________________ apporte du lait.

7. —Vous _________________ entendez, classe?

   —Non, Mme Dagory, nous ne _________________ entendons pas bien.

8. —Bruno, tu veux _________________ accompagner au bal?

   —Bien sûr, Adèle. Je veux _________________ accompagner au bal.

---

7 Répondez aux questions en écrivant des phrases complètes.

1. Est-ce que tes amis t'invitent à sortir le weekend?

   ____

2. Ton prof de maths vous aide, les autres élèves et toi?

   ____

3. Où ton ami t'attend-il après les cours?

   ____

4. Est-ce que ta grand-mère vous gâte, toi et ton frère ou ta sœur?

   ____

5. Qui t'accompagne au bal de l'école?

   ____

6. Qu'est-ce que le Père Noël t'apporte à Noël?

   ____

7. Quels professeurs vous voient, tes amis et toi, au stade?

   ____

Leçon B

8 Remplissez le blanc avec l'émission la plus logique de la liste suivante.

> **un film d'épouvante**   *un jeu télévisé*   UN FILM D'AMOUR
>
> *un match*   *un bulletin météo*   *les informations*
>
> **un film policier**   *une comédie*
>
> *un dessin animé*   **un documentaire**
>
> *un drame*
>
> **un film de science-fiction**   *un feuilleton*
>
> *un film d'aventures*   **une émission**

1. Il y a souvent un inspecteur dans _______________________________.

2. Il y a _______________________________ entre Venus et Serena Williams.

3. Eddie Murphy joue dans _______________________________ au Gaumont.

4. _______________________________ dit (*says*) s'il va pleuvoir.

5. J'ai peur quand je regarde _______________________________.

6. Il y a un couple amoureux dans _______________________________.

7. "Roue de la Fortune" est _______________________________.

8. *Gone with the Wind* est _______________________________ qui vient d'un roman.

9. À 17h00 et à 22h00 on peut regarder _______________________________.

10. "All My Children" est _______________________________.

11. Il y a souvent des animaux dans _______________________________.

12. Il y a _______________________________ historique sur PBS.

13. Il y a _______________________________ de musique avec Faith Hill.

14. *Star Trek: The Undiscovered Country* est _______________________________.

15. *Raiders of the Lost Ark* est _______________________________.

9 | Répondez aux questions suivantes en écrivant des phrases complètes.

1. Préfères-tu les films d'aventures ou les films de science-fiction?

   ____

2. À quelle heure regardes-tu les informations?

   ____

3. Quel est ton dessin animé favori?

   ____

4. Est-ce que tu aimes les jeux télévisés?

   ____

5. As-tu un feuilleton favori?

   ____

6. Quel documentaire intéressant as-tu regardé en cours d'histoire?

   ____

7. Tu regardes un match télévisé. C'est un match de quel sport?

   ____

8. Quand tu as le choix, est-ce que tu regardes un film d'amour ou un drame?

   ____

9. Quelle est ta comédie favorite?

   ____

10. Quelles émissions est-ce que tu vas regarder ce soir?

   ____

POUR TOI

Direct object pronouns: **le, la, l', les**

The direct object pronouns **le**, **la** and **les** can refer to either people or things. **Le** and **la** become **l'** before a verb beginning with a vowel sound. Like the direct object pronouns **me**, **te**, **nous** and **vous**, the pronouns **le**, **la**, **l'** and **les** come before the verb.

Le bulletin météo? Je **le** regarde chaque soir.	*The weather report? I watch it every night.*
La raquette de tennis? Marie **la** prend.	*The tennis racket? Marie takes it.*
La télé? Je **l'**allume tout de suite.	*The TV? I'll turn it on right away.*
Mes copains? Je **les** aide souvent.	*My friends? I help them often.*

In a negative sentence, the direct object pronoun comes between **ne** and the verb.

Son cousin? Adam ne **l'**invite pas en vacances.

In a question using inversion, the direct object pronoun comes before the verb.

Les films d'aventures, **les** préfères-tu?

With **aller** + infinitive, the direct object pronoun goes directly before the infinitive.

Cette comédie? Je vais **la** regarder.

---

10 | Marcel voyage à Paris pour la première fois. Dites qu'il voit chaque chose en utilisant **le**, **la** ou **les**. Suivez le modèle.

Modèle: le tombeau de Jim Morrison
        Marcel le voit.

1. la tour Eiffel

   ____

2. les Champs-Élysées

   ____

3. le Louvre

   ____

4. les jardins des Tuileries

   ____

5. le musée d'Orsay

   ____

6. la statue de la Liberté

____

7. la Défense

____

8. les Invalides

____

11 Complétez chaque phrase avec **le**, **la**, **l'** ou **les**.

1. Mes amis veulent venir à ma boum. Je vais _________________ inviter chez moi.

2. M. de Lussy aime son bateau. Il ne _________________ vend pas.

3. Tu n'aimes pas le reggae. Tu ne _________________ écoutes jamais.

4. Georgette ne trouve pas sa raquette de tennis. Elle _________________ cherche.

5. Vous adorez les bananes. _________________ mangez-vous chaque matin?

6. Céline a un nouveau vélo. Elle _________________ montre à Louis.

7. La vaisselle? Je _________________ fais après le dîner.

8. Mme Arrabal choisit le melon. Elle _________________ achète au marché.

9. Les chèques de voyage? Nous _________________ touchons à la banque.

10. Mme Vallon? Ses enfants _________________ aide à faire le ménage.

12 Dites comment vous trouvez les personnes suivantes en écrivant des phrases avec **le**, **la** ou **les**. Suivez les modèles.

Modèles: les informaticiens (intelligents)
Je les trouve intelligents.

Olive Oil (belle)
Je ne la trouve pas belle.

1. le président (diligent)

____

2. Arnold Schwartzenegger (beau)

____

3. tes amis (sympa)

____

4. Britney Spears (jolie)

   ____

5. tes professeurs (paresseux)

   ____

6. Woody Allen (fort)

   ____

7. Calista Flockhart (mince)

   ____

8. ta coiffeuse (timide)

   ____

13 Dites qui regarde les émissions suivantes et qui ne les regarde pas. Utilisez **le**, **la** ou **les** en écrivant des phrases complètes. Suivez le modèle.

Modèle: le film de science-fiction (Malick/Anne)
   Malick le regarde, mais Anne ne le regarde pas.

1. le match de tennis (Annick/Vincent)

   ____

2. l'émission de musique (mon père/ma mère)

   ____

3. les informations (Paule/Colette)

   ____

4. la comédie (ma sœur/mon frère)

   ____

5. le drame (Romain/Gustave)

   ____

6. les jeux télévisés (mon ami/ma prof)

   ____

7. le dessin animé (mon petit cousin/ma tante)

   ____

8. les documentaires (Hugues/Claire)

   ____

14 Répondez affirmativement à chaque question. Faites tous (*all*) les autres changements nécessaires. Suivez le modèle.

Modèle: Est-ce que vous gardez votre argent à la banque?
Oui, nous le gardons à la banque.

1. Est-ce que vous aimez mon nouvel ensemble?

   ____

2. Est-ce que tu repasses ta chemise?

   ____

3. Est-ce que j'aide mon ami à mieux jouer au golf?

   ____

4. Est-ce que nous vendons nos vieux CDs?

   ____

5. Est-ce qu'Andrée voit le film d'amour?

   ____

6. Est-ce que les élèves lisent les magazines français?

   ____

7. Est-ce que tes copines regardent le documentaire?

   ____

8. Est-ce que Lionel sort la poubelle?

   ____

15 Utilisez les deux verbes entre parenthèses pour former une phrase affirmative et une phrase négative. Mettez **le**, **la** ou **les** dans chaque phrase.

Modèle: Nous sommes de bons élèves. (faire nos devoirs, lire nos magazines)
Nous les faisons. Nous ne les lisons pas.

1. Martin est amoureux de Renée. (aimer Renée, trouver Renée pénible)

   ____

2. Nous aimons lire. (acheter le roman, regarder la comédie)

   ____

3. Sophie va à l'école en retard. (prendre la voiture, attendre ses copains)

   ____

4. Nous finissons les devoirs. (lire nos livres d'histoire, écouter nos CDs)

   ____

5. Maman rentre du travail. (mettre la voiture dans le garage, préparer le petit déjeuner)

   ____

6. Joëlle et Damien veulent aider leur père. (nettoyer la voiture, inviter leurs amis)

   ____

7. Vous voulez sortir ce soir. (faire les devoirs après l'école, regarder la télé)

   ____

8. Tu fêtes l'anniversaire de ton ami(e). (offrir ton vieux CD, acheter la carte)

   ____

---

16 Posez des questions à votre ami(e). Suivez le modèle.

Modèle: le sac à dos/prendre
   Le sac à dos, le prends-tu?

1. la serveuse/chercher

   ____

2. les baskets rouges/aimer

   ____

3. ton prof/attendre

   ____

4. ton vélo/vendre

   ____

5. la musique classique/écouter

   ____

6. ta stéréo/garder

   ____

7. tes chaussettes/trouver

   ____

8. ce film d'aventures/regarder

   ____

17   M. Plassard fait le ménage samedi matin dans son appartement. Dites qu'il va faire les mêmes choses dans une semaine. Suivez le modèle.

Modèle: Il fait la vaisselle.
Il va la faire dans une semaine.

1. Il range le salon.

   ____

2. Il sort la poubelle.

   ____

3. Il fait la lessive.

   ____

4. Il arrose les plantes.

   ____

5. Il fait sécher le linge.

   ____

6. Il passe l'aspirateur.

   ____

7. Il enlève la poussière.

   ____

8. Il change ses draps.

   ____

Leçon C

18 | Déchiffrez (*unscramble*) les lettres pour identifier les noms des instruments populaires. Mettez **un** ou **une** devant chaque mot.

1. psxooenah ____

2. ttrbieea ____

3. onaip ____

4. bmorteno ____

5. seurnthsyiét ____

6. ûetfl ____

7. tgruiae ____

8. rinalcette ____

9. oeeptmtrt ____

10. lonoiv ____

19 | Dites qui joue de quel instrument dans l'orchestre. Suivez le modèle.

Modèle: Christine/clarinette
Christine joue de la clarinette.

1. Gauthier/violon

____

2. Aurore/trompette

____

3. Sabine/batterie

____

4. Simon/synthé

____

5. Bertrand/piano

____

6. Gaël/flûte

____

7. Louise/saxophone

____

Grammar and Vocabulary Exercises   ©EMC

20 | Décidez quelles activités les personnes suivantes font selon leurs descriptions. Choisissez vos réponses (*answers*) de la liste suivante.

faire de l'escalade	collectionner des cartes postales
jouer du saxophone	jouer aux échecs
JOUER AUX CARTES	faire du baby-sitting

1. Benoît veut ressembler à Bobby Fischer.

   ____

2. Caro aide sa mère avec les enfants.

   ____

3. Marion adore le jazz.

   ____

4. M. Meyrieux est à la montagne.

   ____

5. Jean aime le poker.

   ____

6. Lydie veut voyager.

   ____

21 | Complétez les mots croisés. Les expressions viennent du vocabulaire de la Leçon C.

Horizontalement

1. À la montagne on peut faire de l'….

5. Gisèle aime les enfants. Voilà pourquoi elle fait du… le weekend.

7. André veut voir un film avec Claudette. Il va l'… au cinéma.

9. Les musiciens ne jouent pas maintenant. Le concert… dans 15 minutes.

Verticalement

2. Solange a… à une boum chez son ami Paul.

3. Ringo Starr a joué de la… avec les Beatles.

4. Martin aime la musique. Donc, il va souvent aux….

6. Quelle…! Il n'y a plus de place au cinéma.

8. Itzhak Perlman joue du….

10. Anne sort avec un… qui aime le rock.

P O U R   T O I

Direct object pronouns in the passé composé

In the **passé composé** the direct object pronouns **me, te, nous, vous, le, la, l'** and **les** precede the form of the helping verb **avoir**.

Avez-vous lu le message?   *Did you read the message?*
Oui, nous **l'**avons lu.   *Yes, we read it.*

Note the agreement in gender and in number between the past participle and the preceding direct object pronoun.

Papa a-t-il nettoyé le garage?   *Did Dad clean the garage?*
Oui, il **l'a nettoyé**.   *Yes, he cleaned it.*

Qui as-tu vu au centre commercial?   *Whom did you see at the shopping center?*

Anne, je **t'ai vue** au centre commercial.   *Anne, I saw you at the shopping center.*

Bertrand a aidé ses amies?   *Bertrand helped his friends?*
Oui, il **les** a **aidées**.   *Yes, he helped them.*

Les filles ont fini leurs devoirs?   *The girls finished their homework?*

Oui, elles **les** ont **finis**.   *Yes, they finished it.*

The past participles of **mettre** and **prendre** do not change in the masculine plural.

Avez-vous pris les messages?   *Did you take the messages?*
Oui, nous les avons **pris**.   *Yes, we took them.*

To form a negative sentence, put **ne (n')** before the direct object pronoun and **pas** after the form of **avoir**.

La mousse au chocolat? Je **ne** l'ai **pas** mangée.

---

22 Mettez **-e, -s, -es** ou rien (X) dans le blanc.

1. Ces comédies? Je les ai déjà regardé________.

2. Les enfants? Nous les avons gardé________ hier soir.

3. La trompette de Louis Armstrong? On l'a donné________ au musée.

4. Le dauphin? Tu l'as vu________ au zoo de Vincennes.

5. Les vêtements? Chantal les a mis________ dans la machine à laver.

6. Les plantes? Grand-mère les a arrosé________.

7. La tarte? Papa l'a fini________ hier soir.

8. Les professeurs? Les élèves les ont bien écouté________.

9. Alexandre? Je l'ai emmené________ au centre commercial.

10. Les baguettes? Maman les a acheté________ à la boulangerie.

---

23 Écrivez le participe passé convenable pour dire (*tell*) quelles corvées tout le monde a faites. Suivez le modèle.

Modèle: Mes pantalons? Je les ai *repassés*. (repasser)

1. La cuisine et la salle de bains? Vous les avez ____________________. (nettoyer)

2. La table? Jacques l'a ____________________. (mettre)

3. Les vêtements? Maman les a ____________________. (repasser)

4. La vaisselle? On l'a ____________________ ensemble. (faire)

5. Le garage? Papa l'a ____________________. (nettoyer)

6. Les plantes? Tu les as ____________________. (arroser)

7. Les draps? Eugène et Danièle les ont ____________________. (changer)

8. Le linge? Je l'ai ____________________. (sécher)

---

24 Décrivez (*describe*) les actions des personnes suivantes en choisissant le verbe convenable dans la liste. Utilisez **le, la** ou **les** dans vos phrases. Suivez le modèle.

VISITER	voir	mettre	RANGER	finir	acheter
recommencer		nourrir	fêter		regarder

Modèle: Vous avez choisi l'émission de musique.
              Vous l'avez regardée.

1. Ève a choisi une nouvelle jupe à la boutique.

    ____

2. Tu as pris rendez-vous avec le dentiste.

    ____

3. J'ai voulu ces oignons.

    ____

4. La chambre de Christelle a été en désordre.

    ____

5. Vos chats ont eu faim.

   ____

6. Nous avons dû faire nos devoirs.

   ____

7. M. Saint-Georges a aimé les monuments de Paris.

   ____

8. Nous aimons la veille de la Toussaint.

   ____

9. Tu as voulu lire le roman pour la deuxième fois.

   ____

25 Répondez aux questions suivantes en utilisant **me, te, nous, vous, le, la, l'** ou **les** dans vos phrases.

1. Qui t'a aidé(e) avec tes devoirs?

   ____

2. Qui t'a emmené(e) au restaurant?

   ____

3. Qui vous a vu(e)s au restaurant?

   ____

4. Qui a invité tes ami(e)s et toi à une boum?

   ____

5. Qui a fait le gâteau d'anniversaire pour ton anniversaire?

   ____

6. Qui a lu ta carte d'anniversaire?

   ____

7. Qui a vu tes photos de vacances?

   ____

8. Je suis ton professeur de français. Qui m'a cherché?

   ____

9. Je suis ton ami(e). Qui m'a attendu(e) après les cours?

   ____

26 Dites ce que Colette a mis et n'a pas mis quand elle est allée à la montagne pour skier. Soyez logique! (*Be logical!*)

Modèle: l'anorak/le maillot de bain
Elle l'a mis. Elle ne l'a pas mis.

1. le tee-shirt/le pull

   ____

2. la jupe/le pantalon

   ____

3. les baskets/les bottes de ski

   ____

4. les chaussettes/les bas

   ____

27 Beaucoup de choses manquent (*are missing*) chez les Roux. La mère de Raoul le questionne, mais il dit qu'il n'est pas responsable. Écrivez ce que Raoul dit à sa mère. Suivez le modèle.

Modèle: Où est ma guitare?
Je ne l'ai pas prise.

1. Où sont mes chaussettes blanches?

   ____

2. Où est mon manteau?

   ____

3. Où est mon fer à repasser?

   ____

4. Où est ma raquette de tennis?

   ____

5. Où sont mes magazines?

   ____

6. Où est mon rasoir?

   ____

7. Où sont mes timbres?

   ____

8. Où est mon eau minérale?

   ____

Unité 6　　*Les pays du Maghreb*

Leçon A

1 | Complétez chaque phrase avec l'expression convenable dans la liste suivante.

> *l'adresse*　en or　　　*un aérogramme*　　*la postière*
>
> le courrier　　**guichet automatique**　　*une montre*
>
> *une bague*　UN COLLIER　*la boîte aux lettres*

1. Ma tante n'aime pas les bijoux en argent. Elle préfère les bijoux
   _______________________.

2. Mon petit frère veut _______________________ pour dire l'heure qu'il est.

3. La banque est fermée, alors je vais au _______________________.

4. Mon correspondant m'envoie _______________________ chaque mois.

5. À la mairie le marié met _______________________ sur le doigt de la mariée.

6. Le facteur me donne _______________________—un colis, deux lettres et
   un magazine.

7. _______________________ pèse le colis.

8. _______________________ de cet hôtel parisien est 24, rue des Écoles.

9. Les touristes mettent leurs cartes postales dans _______________________.

10. Mme Dumont porte des boucles d'oreilles et _______________________ au cou.

2 | Complétez les mots croisés. Les expressions viennent du vocabulaire de la Leçon A.

Horizontalement

2. L'homme d'affaires n'envoie pas la lettre; il la....

3. ... on peut faire les magasins, manger au restaurant, visiter un musée ou marcher dans un parc.

6. Les aérogrammes vont... des États-Unis en France.

7. L'... commence en septembre et termine en juin.

10. Les élèves... la musique française qui vient de la stéréo du prof.

12. Zut alors! J'ai... mon livre de maths à l'école et je ne peux pas faire mes devoirs.

Verticalement

1. Aux États-Unis l'... d'une lettre est de 34 cents.

4. Tu mets la lettre dans une....

5. À Noël on... beaucoup de cadeaux.

6. J'ai besoin d'un kilo de pommes. La marchande de fruits... les pommes.

8. La... vient avec notre courrier à 14h00.

9. Pour l'anniversaire de ma sœur, maman envoie un... plein de cadeaux.

11. Je... "Bonjour!" à ma prof de français quand je la vois dans le couloir.

Present tense of the irregular verb **dire**

Do you remember the forms of the verb **dire** (*to say, to tell*)?

je	dis	nous	disons
tu	dis	vous	dites
il/elle/on	dit	ils/elles	disent

The irregular past participle of **dire** is **dit**.

Marcel a **dit**, "Ça va?"   *Marcel said, "How are things going?"*

P O U R   T O I

---

3 | Récrivez les phrases suivantes en disant ce que tout le monde dit qu'ils vont faire en colonie de vacances (*summer camp*). Suivez le modèle.

Modèle: Tu vas jouer aux échecs.
Tu dis que tu vas jouer aux échecs.

1. Je vais faire du cheval.

   ____

2. Serge va faire de l'escalade.

   ____

3. Monique et moi, nous allons faire de la voile.

   ____

4. François et Sylvain vont faire du canoë.

   ____

5. Tu vas faire du ski nautique.

   ____

6. Marie-France va jouer au golf.

   ____

7. Delphine et Brigitte vont jouer au tennis.

   ____

8. Xavier et toi, vous allez faire du karaté.

   ____

4 | Écrivez des phrases en disant si les personnes suivantes disent que leurs camarades de classe (*classmates*) sont sympa ou pas. Suivez les modèles.

Modèles: Jacqueline aide le prof. (nous)
Nous disons qu'elle est sympa.

Simon parle en cours. (je)
Je dis qu'il n'est pas sympa.

1. Angèle donne des cartes d'anniversaire à ses amis. (vous)

   ____

2. Antoine ne nous invite pas à sa boum. (Gabriel)

   ____

3. Martine présente la prof à la nouvelle élève. (je)

   ____

4. Bertrand nous emmène au Macdo. (nous)

   ____

5. Chloé vend ses devoirs. (les autres élèves)

   ____

6. Robert est égoïste. (tu)

   ____

7. Anne-Marie nettoie le tableau pour la prof. (Solange)

   ____

5 | Écrivez des phrases en disant ce que tout le monde a dit selon la situation. Choisissez une réponse logique dans la liste suivante.

Bonne fête!   C'est magnifique!   Je vous en prie.
BONJOUR!   Je suis désolé(e).
Quelle galère!   C'est dommage.   Bon anniversaire!

1. L'anniversaire de Clarisse a été le 15 décembre. (Albert et moi, nous)

   ____

2. Nous avons remercié le serveur. (le serveur)

   ____

3. Tes amis et toi, vous avez vu la tour Eiffel pour la première fois. (Daniel et toi, vous)

____

4. La fête de papa a été hier. (Maman)

____

5. J'ai vu ma prof de français dans le couloir. (je)

____

6. Julien a eu un accident de voiture. (ses copains)

____

7. Tu n'as pas pu aller au stade avec tes amis. (tu)

____

8. C'est lundi, et l'école a recommencé. (les élèves)

____

Present tense of the irregular verb **ouvrir**

Here are the present tense forms of the verb **ouvrir** (*to open*).

j'	ouvre	nous	ouvrons
tu	ouvres	vous	ouvrez
il/elle/on	ouvre	ils/elles	ouvrent

The irregular past participle of **ouvrir** is **ouvert**.

J'ai **ouvert** mes cadeaux.   *I opened my presents.*

POUR TOI

6 | Dites ce que tout le monde ouvre. Écrivez des phrases complètes en écrivant la forme convenable d'**ouvrir**.

1. Vincent/sa trousse

____

2. je/le courrier

____

3. la prof/l'enveloppe

____

4. mon demi-frère et moi, nous/le colis

____

5. maman et papa/le cadeau

   ____

6. vos correspondants/les aérogrammes

   ____

7. tu/le télégramme

   ____

8. Aurélie et toi, vous/la boîte de petits pois

   ____

7 | Le verbe **ouvrir** ressemble à un autre verbe que vous avez déjà étudié, **offrir** (*to offer, to give*). Complétez chaque phrase avec le présent du verbe **ouvrir** ou **offrir**.

1. J'_______________ le frigo parce que j'ai faim.

2. Mme Lambert _______________ du thé à M. et Mme Colline.

3. Il y a des pâtissiers parisiens qui n'_______________ pas leurs pâtisseries pendant le mois d'août.

4. Alex et moi, nous _______________ la fenêtre parce qu'il fait chaud.

5. Virginie et toi, vous _______________ une montre en argent à Claudette?

6. Tu entends quelqu'un. Tu _______________ la porte.

7. Christophe et sa sœur _______________ des bijoux à leur mère pour son anniversaire.

8. Vous _______________ votre magasin à 8h00 de lundi à vendredi.

9. Nous _______________ des boucles d'oreilles à notre cousine.

10. Tu _______________ ton vieux CD à ton beau-frère, n'est-ce pas?

11. Le postier _______________ son guichet à 9h00.

12. J'_______________ des fleurs à ma grand-mère.

8 | Écrivez des phrases complètes en disant à quelle heure les commerçants suivants ont ouvert leurs magasins aujourd'hui. Faites tous les autres changements nécessaires. Suivez le modèle.

Modèle: Mme Aubervilliers et moi, nous/9h15.
Mme Aubervilliers et moi, nous avons ouvert notre magasin à neuf heures et quart.

1. M. Deraims/6h00

   ____

2. Mlle Duthuron/8h30

   ____

3. Mme Labarthe et M. Roche/7h45

   ____

4. M. Mariette et toi, vous/6h10

   ____

5. je/9h15

   ____

6. tu/6h10

   ____

7. les boulangers/6h40

   ____

P O U R T O I

The relative pronouns **qui** and **que**

Qui and **que** are relative pronouns used to combine two shorter sentences into one longer one.

Qui, which may refer to a person or to a thing that is the subject, means "who," "which" or "that."

> Abdel-Cader passe l'année scolaire à Strasbourg **qui** est en Alsace.
>
> *Abdel-Cader is spending the school year in Strasbourg which is in Alsace.*

Que, which may refer to a person or to a thing that is the object, means "that," "whom" or "which."

> Les bijoux **qu'**Abdel-Cader envoie sont pour ses parents.
>
> *The jewelry that Abdel-Cader is sending is for his parents.*

When **que** is used as a direct object in a sentence in the **passé composé**, the past participle must agree in gender and in number with the word that **que** refers to.

> Les lettres **que** tu as ouvertes sont pour papa.
>
> *The letters that you opened are for Dad.*

9 | Complétez les phrases suivantes avec **qui** ou **que** (**qu'**). Suivez les modèles.

Modèles: Tu parles au facteur *qui* est français.
J'ai un bracelet en argent *que* j'aime.

1. Voilà l'omelette ________________ j'ai faite pour ton déjeuner.

2. J'ai besoin d'un ami ________________ aime les concerts de rock.

3. Ton beau-père a une émission favorite ________________ il vient de regarder?

4. Simon a une nouvelle raquette ________________ il a laissée dans la voiture.

5. Patricia achète un objet d'art ________________ est moderne.

6. Mon oncle vend sa montre ________________ est en or.

7. Voici un aérogramme ________________ vient de France.

8. Ce sont les enfants ________________ j'ai gardés ce weekend.

10 | Utilisez **qui** ou **que** pour combiner les deux phrases en une phrase. Suivez les modèles.

Modèles: Abdel-Cader veut offrir des cadeaux à ses parents. Abdel-Cader est algérien.
Abdel-Cader, qui est algérien, veut offrir des cadeaux à ses parents.

Le colis pèse un kilo. Abdel-Cader envoie le colis.
Le colis qu'Abdel-Cader envoie pèse un kilo.

1. Strasbourg est une ville française. Elle est à côté de l'Allemagne.

   ____

   ____

2. Abdel-Cader achète un collier et des boucles d'oreilles. Le collier et les boucles d'oreilles sont pour sa mère.

   ____

   ____

3. La montre est en argent. Il offre la montre à son père.

   ____

   ____

4. Abdel-Cader a goûté la nourriture alsacienne. La nourriture alsacienne est bonne.

   ____

   ____

5. Il met l'adresse sur le colis. La postière pèse le colis.

   ____

   ____

6. Strasbourg est une ville célèbre. Elle ressemble aux villes allemandes.

   ____

   ____

7. Il va au bus. Il a vu le bus à la poste.

   ____

   ____

8. La lettre est de ses parents. Abdel-Cader ouvre la lettre.

   ____

   ____

11   Jim parle de son voyage en France à ses amis et leur (*to them*) montre ses photos. Utilisez **que** pour combiner les deux phrases de Jim en une phrase. Faites attention à l'accord (*agreement*) du participe passé. Suivez le modèle.

Modèle: J'ai visité la statue de la Liberté. La statue de la Liberté est petite.
           La statue de la Liberté que j'ai visitée est petite.

1. Voici les photos. J'ai pris ces photos en France.

   ____

2. Voici la tour Eiffel. On a vu la tour Eiffel le premier jour à Paris.

   ____

3. Ce sont les tableaux du musée d'Orsay. J'ai trouvé ces tableaux les plus beaux.

   ____

4. Les sculptures de Picasso sont modernes. J'ai vu ces sculptures au jardin du musée.

   ____

5. J'ai visité la cathédrale de Strasbourg. On a fini la cathédrale en 1439.

   ____

6. La semaine a été formidable. J'ai passé la semaine à Aix-en-Provence.

   ____

Leçon B

12 | Complétez chaque phrase avec l'expression convenable dans la liste suivante.

> un pyjama un mouchoir UN SAC À MAIN
> un portefeuille des sandales un parapluie
> un foulard des pantoufles des sous-vêtements
> des verres de contact des lunettes de soleil des gants
> une ceinture un imperméable une casquette un peignoir de bain

1. Les femmes mettent leurs portefeuilles dans _______________________.
2. Quand il pleut, on a besoin d'_______________________

   et d'_______________________.
3. Mon pantalon est trop grand. J'ai besoin d'_______________________.
4. Quand il fait du soleil, il faut porter _______________________.
5. Tu as froid aux mains? Mettez _______________________.
6. Atchoum! Prenez _______________________.
7. Georges met ses dollars dans _______________________.
8. Je n'aime pas les lunettes. Je préfère porter _______________________.
9. Quand Sylvie est malade, elle s'habille d'_______________________

   et d'_______________________.
10. Vous avez froid aux pieds? Mettez _______________________.
11. Quand on joue au baseball, on porte souvent _______________________ sur la tête.
12. Quand on s'habille le matin, on commence avec _______________________.
13. Dans les pays chauds, on ne porte pas de chaussures; on porte

    _______________________.
14. Les Françaises aiment porter _______________________ au cou.

13 | Complétez les mots croisés. Les expressions viennent du vocabulaire de la Leçon B.

Horizontalement

3. Les sacs à dos, les portefeuilles et les gants en... coûtent cher.

4. Les vacances sont...!

5. Pour beaucoup de filles, les... sont aussi importants que les vêtements.

7. Bill... un aérogramme à son correspondant tunisien une fois par mois.

9. Les enfants... à Disneyland Paris.

Verticalement

1. J'aime... le dîner avec ma mère.

2. ..., je préfère le weekend.

6. Salim a passé une semaine à Casablanca et le mois... à Tunis.

8. J'ai toujours le... d'aider mes amis.

Present tense of the irregular verb **écrire**

Do you remember the forms of the verb **écrire** (*to write*)?

j'	écris	nous	écrivons
tu	écris	vous	écrivez
il/elle/on	écrit	ils/elles	écrivent

The irregular past participle of **écrire** is **écrit**.

M. Jamet a **écrit** un télégramme.   *Mr. Jamet wrote a telegram.*

---

14 | Écrivez des phrases en disant ce que tout le monde écrit.

1. Charles Schultz/une bande dessinée célèbre

   ____

2. tu/un message en cours

   ____

3. ma prof/une lettre à l'Office de Tourisme de Tunis

   ____

4. Clémence et Annie/des cartes postales de Paris

   ____

5. je/l'adresse sur l'enveloppe

   ____

6. Viviane et toi, vous/une histoire

   ____

7. mon correspondant et moi, nous/des aérogrammes

   ____

8. Stephen King et Danielle Steel/des romans modernes

   ____

---

15 | Écrivez la forme convenable du verbe **écrire** au passé composé.

1. La prof _________________________ une interro difficile.

2. J'_________________________ un télégramme de Tunis.

3. Léon _________________________ une carte à son beau-père pour la fête des Pères.

4. Yves et moi, nous _________________________ une lettre à notre tante.

5. Aude, _________________________-tu _________________________ des cartes postales pendant les vacances?

6. Madeleine et Alice _________________________ une lettre d'amour à Leonardo DiCaprio.

7. Frédéric et toi, est-ce que vous _________________________ à votre grand-mère?

8. Les élèves _________________________ la date sur leurs devoirs.

POUR TOI

Indirect object pronouns: **lui, leur**

Can you identify the direct objects and the indirect objects in the following sentences?

> Julie écrit la lettre à sa tante.
> Marcel donne ses casquettes à ses frères.

In the first sentence **la lettre** is the direct object, and **à sa tante** is the indirect object. The indirect object may be replaced by the indirect object pronoun **lui** (*to him, to her*). If the indirect object is plural, as in the second sentence, replace it with **leur** (*to them*).

Place **lui** and **leur** right before the verb of which they are the object whether the sentence is affirmative, interrogative, negative or has an infinitive.

Leur envoie-t-il une lettre?	*Does he send them a letter?*
Non, il ne **leur** envoie pas de lettre.	*No, he doesn't send them a letter.*
Il va **leur** téléphoner demain.	*He's going to phone them tomorrow.*

To form the imperative with indirect object pronouns, place **lui** and **leur** after the verb.

Les enfants? Donnez-**leur** du jus d'orange.	*The children? Give them some orange juice.*

In the **passé composé** the indirect object pronoun precedes the helping verb.

Max et Bruno? Anne **leur** a offert de la glace.	*Max and Bruno? Anne gave them ice cream.*

16 | Complétez chaque dialogue avec **lui** ou **leur**.

1. —Qu'est-ce que Béatrice et Hervé offrent à leur mère pour la fête des Mères?

   —Ils __________ offrent un collier en or.

2. —Écris-tu souvent à ton cousin?

   —Non, je ne __________ écris pas souvent.

3. —M. et Mme Monge, montrez-vous vos photos de vacances à vos enfants?

   —Bien sûr, nous __________ montrons nos photos de vacances.

4. —Qui téléphone à George W. Bush?

   —Ses filles __________ téléphonent.

5. —Maman, est-ce que je ressemble à papa?

   —Non, tu ne __________ ressembles pas, mon chéri.

6. —Sara, quand tu fais du baby-sitting, lis-tu à Serge et Andrée?

   —Oui, je __________ lis souvent.

7. —Chérie, envoyons-nous une carte de Noël aux Dupont cette année?

   —Non, nous ne __________ envoyons pas de carte de Noël cette année.

8. —Maman, je peux présenter ma correspondante à tes amis?

   —Oui, tu peux __________ présenter ta correspondante ce soir.

17 | Dites ce que Jean-Baptiste offre à tout le monde pour Noël. Choisissez le cadeau le plus logique selon leurs goûts (*tastes*).

> *un foulard*   **une bande dessinée**   *des pantoufles*
> *des mouchoirs*   **des aérogrammes**   DES LUNETTES DE SOLEIL
> **une raquette**   *des boucles d'oreilles*

Qu'est-ce qu'il offre…

1. à ses amis qui ont un correspondant français?

   ____

2. à son petit frère qui aime lire?

   ____

3. à sa grand-mère et à sa tante qui aiment la dentelle (*lace*)?

   ____

4. à sa copine qui est très chic (*stylish*)?

   ____

5. à son grand-père qui a froid aux pieds?

   ____

6. à ses oncles qui aiment skier?

   ____

7. à sa belle-sœur qui joue au tennis?

   ____

8. à ses cousines qui aiment les bijoux?

   ____

18 | Répondez aux questions suivantes avec des phrases complètes. Utilisez **lui** ou **leur** dans chaque phrase.

1. Est-ce que tu téléphones souvent à ton ami(e)?

   ____

2. Qu'est-ce que tu offres à ta mère pour son anniversaire?

   ____

3. Est-ce que tu parles à tes amis en français quelquefois (*sometimes*)?

    ____

4. Ressembles-tu à ton père?

    ____

5. Qu'est-ce que tu donnes à ton prof de français?

    ____

6. Écris-tu à tes grands-parents pour les remercier des cadeaux?

    ____

7. Est-ce que tu envoies des e-mails à un(e) élève français?

    ____

8. Tu vas montrer ta chambre à tes nouveaux copains?

    ____

9. Qu'est-ce qu tu vas dire à ton prof de français en français demain?

    ____

19 Mme Odile de la Fontaine invite ses amis à son château. Elle donne des instructions à son maître d'hôtel (*butler*). Jouez le rôle de Mme Odile de la Fontaine. Suivez les modèles.

Modèles: Mme Lemoine/des chips
Offrez-lui des chips!

M. et Mme Choquard/du vin rouge
Offrez-leur du vin rouge!

1. Mlle Faton/du vin blanc

    ____

2. M. et Mme Dubanton/des escargots

    ____

3. ses enfants/des crudités

    ____

4. M. Maillol/des moules

    ____

5. Mlle Delatour/du potage

    ____

6.   M. et Mme Poirier/des fruits de mer

____

7.   M. Girardot/du coq au vin

____

8.   M. et Mme Bohringer/de la crème caramel

____

---

20   Répondez affirmativement ou négativement aux questions suivantes selon l'indication. Utilisez le passé composé et **lui** ou **leur**. Suivez les modèles.

Modèles: Vous avez écrit à votre grand-mère cette année? (oui)
Oui, nous lui avons écrit cette année.

Nous avons donné des cartes de Noël aux profs? (non)
Non, vous ne leur avez pas donné de cartes de Noël.

1.   Tu as montré ton interro à tes camarades de classe? (non)

____

2.   Ta prof a-t-elle présenté le nouvel élève à Robert et à Renée? (oui)

____

3.   Les élèves, vous avez donné vos devoirs au prof d'anglais hier? (oui)

____

4.   Henri a lu cette histoire aux enfants qu'il a gardés? (non)

____

5.   Claude et Blanche ont-elles envoyé des cartes postales à Alfred? (oui)

____

6.   Est-ce que j'ai écrit des aérogrammes à mon correspondant? (non)

____

7.   Avons-nous offert la montre en argent à notre oncle? (non)

____

8.   Gaël et Georges ont-ils téléphoné aux filles? (oui)

____

Leçon C

---

21 | Complétez les mots croisés. Les expressions viennent du vocabulaire de la Leçon C.

Horizontalement

3. Nadine veut se préparer pour devenir cuisinière; donc, elle fait un....

6. D'abord on écrit la date sur un chèque de voyage; puis il faut le....

7. Je n'ai pas de billets; j'ai seulement de la....

8. Georges Washington est sur le... d'un dollar.

9. On peut aller au guichet automatique quand on a besoin d'....

10. D'abord, il faut... au guichet; puis on peut entrer dans le cinéma.

Verticalement

1. En France, à la banque, on passe à la... pour son argent.

2. J'ai froid aux mains. ...mes gants.

4. Quand on travaille dans le..., on écrit pour un journal ou un magazine.

5. Une... travaille à la banque.

8. Le président de la banque est un....

22 | Complétez chaque blanc avec l'expression convenable dans la liste suivante.

> signe   caissier   passe   argent liquide   STAGE
> banquière   caisse   il me faut   billets   monnaie

Albert, un étudiant suisse, fait un ______________ à Paris pour devenir chef. Aujourd'hui il a besoin d'______________ pour acheter ses livres. À la banque il écrit la date sur ses chèques de voyage et les ______________. La ______________ lui demande son passeport. Après, il ______________ à la ______________ où le ______________ lui donne des ______________ et de la ______________. Mais Albert ne veut pas garder le billet de cinq cent euros que le caissier lui a donné. Il dit au caissier "Désolé, mais ______________ des billets de cent euros."

Indirect, object pronouns: **me, te, nous, vous**

Do you remember the pronouns to use when you want to talk about "me," "you" and "us"?

me	*(to) me*
te, vous	*(to) you*
nous	*(to) us*

The pronouns **me** and **te** become **m'** and **t'** before a verb beginning with a vowel sound.

　　Tu **m'**envoies un aérogramme?　*Are you sending me an aerogram?*

Like the indirect object pronouns **lui** and **leur**, the pronouns **me, te, nous** and **vous** come right before the verb of which they are the object whether the sentence is affirmative, interrogative, negative or has an infinitive.

T'offre-t-elle un coca?	*She offers you a Coke?*
Non, elle **m'**offre un jus d'orange.	*No, she offers me (an) orange juice.*
Demain elle va **nous** offrir une glace.	*Tomorrow she's offering us (an) ice cream.*

To form an affirmative command, place the indirect object pronoun after the verb. Note that **me** changes to **moi**.

　　Écris-**moi** bientôt!　　　　　*Write to me soon!*

In the **passé composé**, the indirect object pronoun precedes the helping verb.

　　Hier Sylvie **vous** a téléphoné?　*Did Sylvie phone you yesterday?*

---

23 | Complétez les petits dialogues avec **me (m')**, **te (t')**, **nous** ou **vous**.

1.　—Papa, tu ___________ achètes une grande glace?

　　—Écoute, chéri, nous n'avons pas le temps. Je ne ___________ achète pas de glace maintenant.

2.　—Bonsoir, M. et Mme Brasseur. Vous ___________ montrez votre joli appartement?

　　—D'abord, prenez une boisson, M. Deschamps. Puis nous allons ___________ montrer l'appartement.

3.　—Madame, vous allez ___________ parler de votre séjour au Maroc?

　　—Bien sûr, mes élèves, et je vais ___________ montrer mes photos aussi.

4.　—Éric et Sophie, je ___________ ai dit qu'il faut faire le ménage.

　　—Mais Julie ___________ a téléphoné, et le film commence dans trente minutes.

5. —Alain, je ___________ présente mon oncle Antoine qui est journaliste.

   —Enchanté. Voulez-vous ___________ lire, à Béatrice et moi, votre article sur Casablanca?

6. —Jeanne, je ___________ ai envoyé une carte postale pendant mon voyage.

   —Et je vois que tu vas ___________ offrir un tee-shirt de Paris. Mille fois merci, Théo!

7. —Pouvez-vous ___________ faire de la monnaie, Madame?

   —C'est le caissier qui peut ___________ faire de la monnaie, M. Dufy.

8. —Angèle, qui ___________ a offert ce joli collier?

   —Mes parents ___________ ont offert ce collier pour mon anniversaire.

---

24 | Jennifer va passer un séjour en famille à la Guadeloupe. Elle ne va pas avoir besoin de certaines choses pendant cette année scolaire, alors elle les donne aux autres. Dites à qui Jennifer donne ces choses. Suivez le modèle.

Modèle: Marcel et toi/ses affiches
Elle vous donne ses affiches.

1. moi/sa stéréo

   ____

2. toi/son anorak

   ____

3. toi et moi/ses magazines

   ____

4. toi et ton demi-frère/ses CDs

   ____

5. moi et toi/ses timbres américains

   ____

6. moi/sa clarinette

   ____

7. toi et ton cousin/ses livres de science-fiction

   ____

8. toi/son téléphone

   ____

25 Jouez le rôle de Jennifer. Son ami Anne et sa sœur Tiffany la questionnent avant (*before*) son départ pour la Guadeloupe. Répondez affirmativement à chaque question. Suivez le modèle.

Modèle: Tu vas me présenter ta correspondante?
Oui, je vais te présenter ma correspondante.

1. Tu vas me dire "au revoir" à l'aéroport?

   ____

2. Tu vas nous donner ton adresse à la Guadeloupe?

   ____

3. Tu vas m'écrire chaque semaine?

   ____

4. Tu vas nous téléphoner chaque mois?

   ____

5. Tu vas me parler de ta correspondante?

   ____

6. Tu vas m'envoyer des accessoires guadeloupéens?

   ____

7. Tu vas nous montrer tes photos?

   ____

26 Jouez le rôle d'Alice, une enfant malade qui reste au lit et qui demande des choses pour elle-même (*herself*) et sa sœur, qui est malade aussi. Dites à votre mère ce dont (*what*) vous avez besoin d'une manière plus directe. Suivez le modèle.

Modèles: Il me faut de la soupe.
Donne-moi de la soupe!

Il nous faut une cassette.
Donne-nous une cassette!

1. Il nous faut des boissons chaudes.

   ____

2. Il me faut mon peignoir de bain.

   ____

3. Il me faut ma casquette verte.

   ____

4. Il nous faut du dessert.

    ____

5. Il nous faut un jeu vidéo.

    ____

6. Il me faut une bande dessinée.

    ____

7. Il me faut un stylo.

    ____

8. Il nous faut des feuilles de papier.

    ____

27 Répondez affirmativement ou négativement aux questions suivantes selon l'indication. Utilisez le passé composé et **me**, **te**, **nous** ou **vous** dans chaque phrase.

1. Fred vous a montré ses devoirs, Monsieur? (oui)

    ____

2. Joëlle, tu nous as téléphoné hier soir? (oui)

    ____

3. Jacqueline, tu m'as offert cette carte? (non)

    ____

4. Georges et Bernadette, vous nous avez écrit pendant vos vacances? (non)

    ____

5. Je vous ai donné ces foulards, Chloé et Martine? (oui)

    ____

6. Je t'ai présenté mon cousin? (non)

    ____

7. Jacques, tu m'as acheté cette casquette? (oui)

    ____

8. M. et Mme Rambert, nous vous avons parlé de notre travail? (non)

    ____

Unité 7

Les châteaux

Leçon A

1 | Complétez les mots croisés. Les expressions viennent de la Leçon A.

Horizontalement

1. À la douane le... a examiné les bagages de Mme Arnoul.

5. Pour me préparer pour mon voyage, j'ai mis mes vêtements dans ma....

7. M. Meslay est un... qui travaille pour Air France.

9. Mme Renard a défait (*unpacked*) ses....

10. Au grand magasin les clients âgés ne prennent pas l'escalier; ils préfèrent l'....

11. J'ai un... côté fenêtre.

Verticalement

1. Le pilote a..., "Mettez vos ceintures de sécurité (*seatbelts*)!"

2. Quand l'avion d'Air France est arrivé à Paris, il a... à l'aéroport Roissy-Charles de Gaulle.

3. Le TGV est un train....

4. L'agent est derrière le... d'Air France.

6. Les... attendent devant le comptoir d'Air France.

8. Selon le..., il faut aller tout droit et tourner à gauche pour trouver la gare.

2 | Choisissez le mot convenable dans la liste suivante pour décrire le voyage de Lance.

---

décolle   **vérifie**   contrôle de sécurité   **porte d'embarquement**

côté   **DIRECT**   *faire enregistrer*

escale   VOL   *immigration*   destination   passer à la douane

---

Le correspondant de Lance l'emmène à Roissy-Charles de Gaulle. Lance rentre d'un séjour en famille à Paris. Il va au comptoir d'Air France où l'agent ________________________ son billet et son passeport. Sa ________________________ est San Francisco, mais il y a une ________________________ à Minneapolis. Alors, ce n'est pas un vol ________________. Il a une grande valise pleine de souvenirs à ________________ au comptoir. Puis, il choisit un siège ________________ fenêtre.

En France les personnes qui ne voyagent pas ne peuvent pas passer l'________________________, alors Lance dit "Au revoir" à son correspondant. Puis, au ________________________ un homme vérifie que Lance n'a pas de revolver dans son sac à dos. Lance regarde les panneaux pour trouver la ________________________ où il attend. Enfin on annonce le ________________________ 938 à destination de Minneapolis. Quand l'avion ________________________, Lance est triste de partir. À Minneapolis il va devoir ________________________, mais il va dire au douanier qu'il n'a rien à déclarer.

Double object pronouns

When you want to replace a direct and an indirect object in the same sentence, do you remember the order the pronouns need to follow?

| subject | + | me
te
nous
vous | + | le
la
les | + | lui
leur | + | verb |

Tu envoies la carte postale à Julie?	*Are you sending the postcard to Julie?*
Oui, je **la lui** envoie.	*Yes, I'm sending it to her.*

Direct and indirect object pronouns precede the verb of which they are the object whether the sentence is affirmative, interrogative, negative or has an infinitive.

Les lui présentes-tu?	*Are you introducing them to him?*
Non, je ne **les lui** présente pas.	*No, I'm not introducing them to him.*
Serge va **les lui** présenter.	*Serge is going to introduce them to him.*

In the **passé composé**, be sure to make the past participle agree with the preceding direct object pronoun.

Les fleurs? Je **les** lui ai offert**es**.	*The flowers? I gave them to her.*

In affirmative commands, the order of double object pronouns is:

| verb | + | le
la
les | + | lui
leur | + | moi
toi
nous
vous |

L'histoire? Lis-**la-nous**!	*The story? Read it to us!*

---

3 Remplacez (*replace*) chaque expression soulignée (*underlined*) avec le pronom convenable. Suivez le modèle.

Modèle: La passagère donne <u>son billet</u> <u>à l'agent</u>.
La passagère *le lui* donne.

1. Les passagers montrent <u>leurs passeports</u> <u>aux agents</u>.

   Les passagers __________ __________ montrent.

2. Brooke donne <u>sa valise</u> <u>à l'agent</u>.

   Brooke __________ __________ donne.

3. Tu lis <u>les histoires</u> <u>aux enfants</u>.

   Tu ______________ ______________ lis.

4. J'offre <u>les boucles d'oreilles</u> <u>à mon amie</u>.

   Je ______________ ______________ offre.

5. Les élèves disent "<u>Bonjour</u>" <u>à la prof de français</u>.

   Les élèves ______________ ______________ disent.

6. Nous présentons <u>Monique</u> <u>à mes cousins</u>.

   Nous ______________ ______________ présentons.

7. Mon prof écrit <u>le message</u> <u>à mes parents</u>.

   Mon prof ______________ ______________ écrit.

8. Laurence vend <u>ses skis</u> <u>à son demi-frère</u>.

   Laurence ______________ ______________ vend.

---

4 Valérie vend certaines choses parce qu'elle veut voyager cet été. Remplacez ce qu'elle vend avec **le**, **la** ou **les**. Remplacez ce qui (*what*) est entre parenthèses avec **me**, **te**, **nous** ou **vous**. Suivez le modèle.

Modèle: Elle vend ses cartes postales. (à nous)
              Elle nous les vend.

1. Elle vend ses casquettes. (à nous)

   ____

2. Elle vend son stylo en or. (à moi)

   ____

3. Elle vend son billet de concert. (à toi)

   ____

4. Elle vend sa pendule. (à vous)

   ____

5. Elle vend ses boucles d'oreilles. (à toi)

   ____

6. Elle vend son vélo. (à moi)

   ____

7. Elle vend sa collection de CDs. (à vous)

____

8. Elle vend ses affiches. (à nous)

____

5 | Écrivez des phrases complètes en utilisant (*by using*) **le**, **la** ou **les** et **lui** ou **leur**. Répondez affirmativement ou négativement selon l'indication. Suivez les modèles.

Modèles: Diane écrit le message à Philippe en cours? (oui)
Oui, elle le lui écrit en cours.

Le prof présente les nouveaux élèves à Fabrice et Zohra? (non)
Non, il ne les leur présente pas.

1. Julien parle français à son prof? (oui)

____

2. Marlène montre sa raquette de tennis à Venus et Serena Williams? (non)

____

3. La vendeuse vend le nouveau sèche-linge à M. et Mme Dufour? (oui)

____

4. Le prof indique la porte aux élèves méchants? (oui)

____

5. Daniel donne ses bagages à l'agent? (oui)

____

6. Françoise écrit les aérogrammes à ses cousins? (non)

____

7. André lit l'histoire à son petit frère? (non)

____

8. Odile offre la vidéocassette à Sophie? (non)

____

6 Répondez affirmativement ou négativement aux questions suivantes avec des phrases complètes qui utilisent **le**, **la** ou **les** et **lui** ou **leur**.

1. Est-ce que tu offres ton billet d'avion à ton frère ou à ta sœur?

    ____

2. Est-ce que tu montres ta chambre aux amis de tes parents?

    ____

3. Tu dis "Bonjour" à ta prof de français quand tu la vois dans le couloir?

    ____

4. Est-ce que tu offres la nouvelle raquette de tennis à ton petit cousin?

    ____

5. Tes amis et toi, est-ce que vous envoyez les lettres aux musiciens ou aux musiciennes que vous admirez?

    ____

6. Présentes-tu les nouveaux élèves à tes profs?

    ____

7. Donnes-tu le journal à ton père le matin?

    ____

8. Tes amis et toi, dites-vous "Bon anniversaire" à Leonardo DiCaprio?

    ____

9. Vends-tu ton vieil ordinateur à ton ami(e)?

    ____

10. Est-ce que tu lis l'histoire que tu as écrite à ta mère?

    ____

7 Décrivez ce qui s'est passé (*happened*) à l'aéroport Roissy-Charles de Gaulle à Paris le jour du départ de Brooke. Répondez aux questions suivantes en utilisant **le**, **la** ou **les** et **lui** ou **leur**. Faites attention à l'accord du participe passé. Suivez le modèle.

Modèle: Est-ce que l'agent a vendu les billets aux passagers?
          Oui, il les leur a vendus.

1. Est-ce que l'agent a dit "Votre destination?" à Brooke?

    ____

2. Est-ce que Brooke a offert son passeport et son billet à l'agent?

    ____

3. Est-ce que Brooke a parlé français à l'agent et aux autres passagers?

   ____

4. Est-ce que Brooke a donné sa grande valise à l'agent?

   ____

5. Est-ce que l'agent a donné le numéro de la porte d'embarquement à Brooke et aux autres passagers?

   ____

6. Est-ce que l'agent a montré les portes d'embarquement aux passagers?

   ____

7. Est-ce que l'agent a indiqué l'heure du départ à Brooke?

   ____

8. Est-ce que l'agent a indiqué les panneaux à Brooke et aux autres passagers?

   ____

---

8 La petite Madeleine fait du shopping avec sa tante. Elle veut chaque chose qu'elle voit. Écrivez ce que Madeleine veut que sa tante lui achète. Suivez le modèle.

Modèle: le joli parapluie
Offre-le-moi!

1. les boucles d'oreilles

   ____

2. le gâteau au chocolat

   ____

3. le peignoir de bain rose

   ____

4. la casquette verte

   ____

5. les bandes dessinées

   ____

6. la robe violette

   ____

9 Vos amis offrent certaines choses à vous et à votre sœur. Acceptez en utilisant deux pronoms. Suivez le modèle.

Modèle: Vous voulez avoir ce magazine? (envoyer)
              Oui, envoyez-le-nous!

1. Vous voulez savoir (*know*) l'heure qu'il est? (dire)

   ____

2. Vous voulez savoir la fin (*end*) de l'histoire? (lire)

   ____

3. Vous voulez écouter ce CD? (donner)

   ____

4. Vous voulez voir nos devoirs? (montrer)

   ____

5. Vous voulez acheter notre ordinateur? (vendre)

   ____

6. Vous voulez voir cette vidéocassette? (donner)

   ____

7. Vous voulez connaître (*know*) nos cousins? (présenter)

   ____

8. Vous voulez avoir ces accessoires? (offrir)

   ____

Leçon B

10   Complétez les mots croisés. Les expressions viennent de la Leçon B.

Horizontalement

4. J'ai dit, "…!" quand j'ai perdu mes devoirs.

5. Il me… que ces mots croisés sont faciles.

7. Quand Mireille arrive à la gare, elle regarde le tableau des… et des départs.

9. Quand on voyage en train, c'est le… qui vérifie son billet.

10. M. Derec est fatigué parce qu'il voyage… hier.

Verticalement

1. Le weekend, est-ce que tu… des vidéocassettes?

2. La… voyage de Paris à Marseille en train.

3. Si un voyageur ne composte pas son billet, il est possible que le contrôleur lui donne une….

6. Mon train est déjà parti. …! Je vais attendre le train qui part à 9h15.

8. J'ai dit à mon copain, "Tu es en retard, mon…."

11 | Choisissez le mot convenable dans la liste suivante pour décrire le voyage de Solange.

> MONTE　　espère　　composte　　voyageurs
>
> voie　　fait la queue　　contrôleuse

Solange arrive à la gare. Elle va voyager à Marseille. Elle
_____________________ devant le guichet avec les autres
_____________________. Puis, elle achète un billet qu'elle
_____________________ dans le composteur. Sur le quai
elle attend le train qui arrive sur la _____________________
numéro 2. Elle _____________________ dans le train tout
de suite et prend une place côté fenêtre. Quand le train part, la
_____________________ vient vérifier son billet. Solange
_____________________ faire beaucoup de choses
à Marseille.

POUR TOI

Il y a + time expressions

When **il y a** is followed by an expression of time, it means "ago."

Suzette est arrivée **il y a** une heure.　　*Suzette arrived an hour ago.*

Grammar and Vocabulary Exercises　　©EMC

12 | Répondez aux questions suivantes en écrivant des phrases complètes qui utilisent **il y a** et l'expression entre parenthèses. Faites attention à l'accord du participe passé. Suivez le modèle.

Modèle: Quand Anne a-t-elle fait ses devoirs? (une heure)
Elle les a faits il y a une heure.

1. Quand Anne a-t-elle écouté sa nouvelle cassette? (une semaine)

   ____

2. Quand Anne a-t-elle lu le magazine français? (deux jours)

   ____

3. Quand Anne a-t-elle préparé les sandwichs? (quinze minutes)

   ____

4. Quand Anne a-t-elle loué *Titanic* et *Charlie's Angels*? (un mois)

   ____

5. Quand Anne a-t-elle acheté cette casquette rouge? (six mois)

   ____

6. Quand Anne a-t-elle composté son billet? (cinq minutes)

   ____

7. Quand Anne a-t-elle écrit ces lettres? (un an)

   ____

8. Quand Anne a-t-elle porté ses chaussettes bleues? (dix jours)

   ____

13 | Répondez aux questions suivantes en utilisant **il y a** et une expression de temps appropriée (par exemple, **dix ans, trois mois, une semaine, cinq jours** ou **vingt minutes**).

1. Quand est-ce que tu as commencé à étudier le français?

   ____

2. Quand as-tu pris ton petit déjeuner?

   ____

3. Quand est-ce que tu as voyagé?

   ____

4. Quand est-ce que tu as nagé?

   ____

5. Quand as-tu loué une vidéocassette?

   ____

6. Quand as-tu commencé à faire du vélo?

   ____

7. Quand est-ce que tes amis t'ont offert un cadeau?

   ____

8. Quand tes parents ont-ils acheté leur voiture?

   ____

9. Quand ton prof de français est-il entré dans la salle de classe?

   ____

10. Quand est-ce que tes amis t'ont invité(e) à une boum?

   ____

POUR TOI

Depuis + present tense

To ask since when something has been going on, use **depuis quand** followed by a verb in the present tense. To answer, use a verb in the present tense, **depuis** and an appropriate expression of time.

Depuis quand Monique fait-elle la queue?	*Since when has Monique been standing in line?*
Elle fait la queue **depuis** ce matin.	*She's been standing in line since this morning.*

To ask how long something has been going on, use **depuis combien de temps** followed by a verb in the present tense. To answer, use a verb in the present tense, **depuis** and an appropriate expression of time.

Depuis combien de temps M. Arnaud est-il contrôleur?	*How long has M. Arnaud been an inspector?*
Il est contrôleur **depuis** huit mois.	*He's been an inspector for eight months.*

14 | Écrivez **Depuis quand** ou **Depuis combien de temps** pour compléter chaque dialogue.

1. —_____________________________ est-ce que vous êtes agent pour Air France, M. Murat?

   —Je suis agent depuis hier.

2. —_____________________________ restez-vous à cet hôtel, Patrice et Alban?

   —Nous sommes ici depuis le 20 juillet.

3. —_______________________ Pauline joue-t-elle du trombone?

—Elle joue du trombone depuis un an.

4. —_______________________ habitez-vous à Blois, Mademoiselle?

—J'habite à Blois depuis 2001.

5. —_______________________ Mme Roux voyage-t-elle?

—Elle voyage depuis quatre semaines.

6. —_______________________ veux-tu devenir comptable, Armand?

—Je veux devenir comptable depuis l'âge de treize ans.

7. —_______________________ m'attends-tu?

—Je t'attends depuis une demi-heure.

8. —_______________________ est-ce que tu lis ce roman, Élise?

—Je le lis depuis quinze minutes.

---

15 | Répondez aux questions suivantes en utilisant **depuis** et une expression de temps convenable.

1. Depuis quand étudies-tu le français?

____

2. Depuis quand est-ce que tu joues d'un instrument?

____

3. Depuis quand ranges-tu ta chambre?

____

4. Depuis quand est-ce que tu vas aux concerts de rock?

____

5. Depuis combien de temps habites-tu dans ta maison ou dans ton appartement?

____

6. Depuis combien de temps es-tu dans cette salle de classe?

____

7. Depuis combien de temps est-ce que tu vas à cette école?

____

8. Depuis combien de temps fais-tu tes devoirs?

____

Leçon C

16 | Complétez les mots croisés. Les expressions viennent de la Leçon C.

Horizontalement

4. Le billet comprend (*includes*) la… du château et les jardins.

5. Maintenant je ne fais pas mes devoirs; je vais les faire….

6. Pour avoir un horaire des trains, est-ce que tu… au guichet?

7. Noëlle aime Thierry; elle pense qu'il est….

9. J'adore les desserts,… la mousse au chocolat.

Verticalement

1. Quand nous quittons notre prof de français à 8h30, elle nous dit, "…!"

2. En français on peut dire, "Il n'y a pas de…" quand quelqu'un vous remercie.

3. Nous avons fait la… du nouvel élève dans la cantine.

8. À… la pizza, je n'ai rien mangé aujourd'hui.

17 Choisissez l'expression convenable dans la liste suivante pour décrire le voyage de Denise à Versailles.

galerie	REINE	chapelle	syndicat d'initiative	SUPERBE	
connaît		R.E.R.		trajet	flâne

Denise prend le ________________ pour aller de Paris à Versailles. Pendant le ________________, elle lit un livre sur Versailles. Quand elle arrive, elle trouve le ________________. Là, une dame lui donne un plan de la ville et les directions au château. Au guichet du château, elle achète un billet. Elle fait le tour avec un guide qui dit que Marie Antoinette a dormi dans la chambre de la ________________. Quand elle voit la ________________, Denise observe qu'il n'y a pas de sièges. Elle pense que la ________________ des Glaces est ________________. Après le tour, elle ________________ dans les jardins. Denise est contente parce qu'elle ________________ bien Versailles maintenant.

Present tense of the irregular verb savoir

Do you remember the forms of the irregular verb **savoir** (*to know, to know how*)?

je	sais	nous	savons
tu	sais	vous	savez
il/elle/on	sait	ils/elles	savent

You can use **savoir** to say you know factual information or that you know how to do something.

Je **sais** où aller.	*I know where to go.*
Bruno **sait** skier.	*Bruno knows how to ski.*

The irregular past participle of **savoir** is **su**.

Tu as **su** l'heure du concert.	*You knew the time of the concert.*

POUR TOI

18 Dites ce que savent les élèves dans l'école primaire (*elementary*).

1. Tout le monde ________________ que deux et deux font quatre.

2. Je ________________ que Paris est la capitale de la France.

3. Marianne _____________________ que Louis XIV a habité Versailles.

4. Tu _____________________ la date.

5. Alexandre et moi, nous _____________________ les mois.

6. Coralie et Nicolas _____________________ les noms des couleurs.

7. Juliette et toi, vous _____________________ les noms des océans.

8. Yvette et Caro _____________________ lire.

---

19 Écrivez des phrases complètes en disant ce que vous et vos amis savez faire. Suivez le modèle.

Modèle: Grégoire et Luc/faire de la plongée sous-marine
Grégoire et Luc savent faire de la plongée sous-marine.

1. je/nager

____

2. Nicole/danser

____

3. Arnaud et moi, nous/jouer au golf

____

4. tu/jouer du violon

____

5. Marc/parler espagnol

____

6. Claudine et toi, vous/faire de l'aérobic

____

7. tout le monde/courir

____

8. Nadège et Diane/skier

____

Present tense of the irregular verb **connaître**

The irregular verb **connaître** also means "to know."

je	connais	nous	connaissons
tu	connais	vous	connaissez
il/elle/on	connaît	ils/elles	connaissent

You can use **connaître** to express familiarity with people, places and things.

Je **connais** cet agent. — *I know this agent.*

Vous **connaissez** bien ce musée. — *You know this museum well.*

The irregular past participle of **connaître** is **connu**.

Marc a **connu** Anne à l'école. — *Mark met Anne at school.*

20 Tout le monde vient de voyager en France. Dites ce qu'ils connaissent maintenant. Mettez la forme convenable de **connaître** dans le blanc.

1. Moi, je _________________________ les jardins de Versailles.

2. Cécile _________________________ le château d'If.

3. Tu _________________________ Blois.

4. Gilbert et Christophe _________________________ Chenonceaux.

5. Élodie et toi, vous _________________________ Clos Lucé.

6. David _________________________ Roissy-Charles de Gaulle.

7. Denis et moi, nous _________________________ le musée d'Orsay.

8. Bernadette et Chantal _________________________ Chambord.

21 Si vous et vos camarades de classe connaissez les choses et les personnes suivantes, écrivez une phrase affirmative. Si non, écrivez une phrase négative. Suivez les modèles.

Modèles: Van Gogh

Nous le connaissons.

André Derain

Nous ne le connaissons pas.

1. l'aéroport Roissy-Charles de Gaulle

____

2. les monuments de Paris

____

3. les châteaux de la Loire

____

4. les églises de Marseille

____

5. le Bonhomme Carnaval

____

6. Édith Piaf

____

7. Jacques Brel

____

8. le château de Versailles

____

9. la fête des Rois

____

10. La Rochelle

____

11. Cannes et Nice

____

12. le Niger

____

22

Complétez les phrases suivantes avec la forme convenable de **savoir** ou **connaître** au présent.

1. Ahmed et moi, nous _______________________ qu'il y a des visites spéciales aujourd'hui.

2. Est-ce que tu _______________________ où est Blois?

3. Mme Foïs, _______________________-vous les artistes impressionnistes?

4. Je _______________________ une bonne boulangerie dans ce quartier.

5. Hervé et Zakia ne _______________________ pas cette musicienne tunisienne.

6. Patricia _______________________ préparer le saumon à la sauce hollandaise.

7. Véro et Magali _______________________ l'adresse de Loïc.

8. Olivier _______________________ le beau-frère d'Adja, n'est-ce pas?

9. Je ne ________________________ pas faire de l'escalade.

10. Nous ________________________ les romans de Victor Hugo.

11. Est-ce que vous ________________________ pourquoi je suis en retard?

12. ________________________-tu cette voyageuse?

---

23 | Dites que Karine connaît les personnes suivantes. Dites aussi ce qu'elle sait à leur sujet (*about them*). Suivez le modèle.

Modèle: Jules Verne/Il a préféré écrire la science-fiction.
Elle connaît Jules Verne. Elle sait qu'il a préféré écrire la science-fiction.

1. Claude Monet/Il a aimé son jardin à Giverny.

   ____

2. Louis XIV/Il s'appelle le Roi Soleil.

   ____

3. Pierre Auguste Renoir/Ses tableaux sont au musée d'Orsay.

   ____

4. Alexandre Dumas/Il a écrit *Le Comte de Monte-Cristo*.

   ____

5. Paul Cézanne/Il a habité à Aix-en-Provence.

   ____

6. Paul Gauguin/Il a passé des années à Tahiti.

   ____

7. Toussaint-Louverture/Il a libéré les esclaves africains d'Haïti.

   ____

8. Paul Bocuse/Il prépare des plats français.

   ____

---

24 | Répondez aux questions suivantes avec des phrases complètes.

1. Sais-tu faire du sport? Si oui, quel(s) sport(s)?

   ____

2. Est-ce que tu sais quelle est la deuxième ville de France?

   ____

3. Sais-tu où habitent tes profs?

   ____

4. Pour l'interro, est-ce que tu as su combien de Louis ont habité le château de Versailles?

   ____

5. Est-ce que tu connais un bon restaurant français dans ta ville?

   ____

6. Connais-tu tout le monde dans ta classe de maths?

   ____

7. Est-ce que tu connais quelques artistes impressionnistes?

   ____

8. Quand as-tu connu ton professeur de français?

   ____

25 Complétez les phrases suivantes avec la forme convenable de **savoir** ou **connaître** au passé composé.

1. Joseph et toi, vous ______________________ Dorothée à la boum?
2. J'______________________ où aller.
3. Où ____________-tu ____________ Simone?
4. Nous ______________________ la date de la boum.
5. Gaspard ______________________ que Christian est suisse.
6. Joëlle et Jocelyne ______________________ ces agents à l'aéroport.
7. ____________-tu ____________ l'heure du concert?

Unité 8

En voyage

Leçon A

---

1 Complétez les mots croisés. Les mots viennent de la Leçon A.

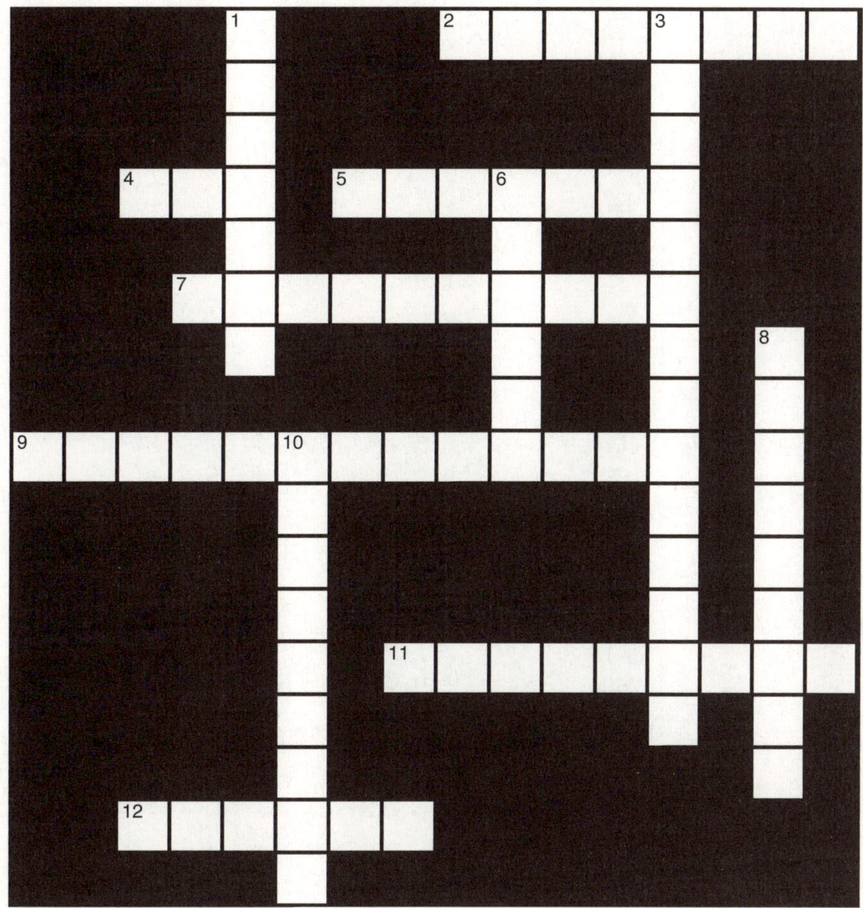

Horizontalement

2. Bonjour! Je voudrais... une chambre pour une personne.

4. Ma chambre, qui donne sur la rue, a une très jolie....

5. Jean est fatigué. Il rentre à sa... d'hôtel.

7. On paie plus d'argent quand il y a un....

9. Il faut avoir la... en Floride et en Californie.

11. Pour réserver une chambre d'hôtel, il faut téléphoner à la....

12. Mon... est Dominique.

Verticalement

1. "Voulez-vous un grand lit ou des lits...?" demande la réceptionniste.

3. Un... travaille derrière le comptoir de l'hôtel.

6. Pour le... j'attends mes copains.

8. Les... habitent dans la province de Québec.

10. Cette chambre d'hôtel a la télévision et le.... C'est normal!

2 | Complétez chaque blanc avec l'expression convenable dans la liste suivante.

chambre	**réception**	*régler*	VUE	SUPPLÉMENT
compris	donne sur	*jumeaux*	carte de crédit	réceptionniste

Martin a besoin d'un hôtel à Québec. Il entre dans l'Hôtel Saint-Laurent et va à la _______________________.
Le _______________________ dit qu'il a une
_______________________ qui _______________________
le fleuve. Martin la prend. Quand il entre dans la chambre,
il voit des lits _______________________. La
_______________________ du fleuve Saint-Laurent est extra.
Le matin après, Martin téléphone à la réception pour voir si le
petit déjeuner est _______________________. Dommage! Il y a
un _______________________ de douze dollars. Il va à la
réception pour _______________________. Il donne sa
_______________________ à la réceptionniste qui lui indique
un café dans le quartier où le petit déjeuner est moins cher.

POUR TOI

Stress pronouns

To emphasize whom you are talking about, use stress pronouns.

Singular		Plural	
moi	*(je)*	nous	*(nous)*
toi	*(tu)*	vous	*(vous)*
lui	*(il)*	eux	*(ils)*
elle	*(elle)*	elles	*(elles)*

Use stress pronouns:

- to emphasize the subject pronoun

  Lui, il règle avec une carte de crédit. / *Him, he's paying with a credit card.*

- in a short sentence that has no verb

  Qui réserve une chambre? **Eux**? / *Who's reserving a room? Them (m.)?*
  Non, **elles**. / *No, them (f.).*

- after **c'est** or **ce sont**

  C'est **vous** qui aimez la vue? / *Are you the ones who like the view?*
  Non, ce sont **eux**. / *No, it's they.*

- in a compound subject

  Toi et **moi**, nous allons à la réception. / *You and I are going to the reception desk.*

- after a preposition

  Le réceptionniste parle avec **elle**. / *The receptionist speaks with her.*

- after **que** in a comparison

  Anne est plus mince que **toi**. / *Anne is thinner than you.*

3 Dites à votre camarade de classe que ses idées sont fausses (*false*). Suivez le modèle.

Modèle: Ton père habite en République Démocratique du Congo?
Non, pas lui!

1. Saleh et Ariane font de la plongée sous-marine?

   ____

2. Nicolas prépare des crêpes?

   ____

3. Charles et Djamel ont une carte de crédit?

   ____

4. Tu me donnes tes devoirs?

   ____

5. Antonine travaille à l'hôtel?

   ____

6. Je fais toujours mes devoirs?

   ____

7. Ton ami et toi, vous allez à la gare maintenant?

____

8. Le prof et moi, nous allons à la cantine ensemble?

____

4 | Tout le monde a fait quelque chose de différent mercredi après-midi. Dites si ces personnes sont restées chez elles. Suivez le modèle.

Modèle: Andrée est allée au cinéma.
              Elle n'est pas restée chez elle.

1. M. et Mme Cornet ont fait les courses.

____

2. Raoul a fait la lessive.

____

3. J'ai écouté mes CDs.

____

4. Tu as regardé le tableau des arrivées et des départs.

____

5. Gilbert et moi, nous avons arrosé les fleurs dans le jardin.

____

6. Gilles et toi, vous avez fait la connaissance du boucher.

____

7. Aïcha et Nicole ont regardé une vidéocassette.

____

8. Mlle Laval a fait une escale à Marseille.

____

5 | Récrivez chaque phrase en utilisant un pronom. Suivez le modèle.

Modèle: Tu es plus intelligent que Raphaël.
              Tu es plus intelligent que lui.

1. Je suis aussi égoïste que Marcel.

____

2. Thierry sort avec Sylvie.

____

3. Madeleine est à côté de Nadine et moi.

   ____

4. Les garçons sont moins riches qu'Anne et toi.

   ____

5. Ce sont Nora et Diane qui font la queue.

   ____

6. Les Clavel, ils adorent la vue.

   ____

7. Claudette et Damien, ils jouent au golf.

   ____

8. Joanne réserve une chambre pour les Lambert.

   ____

6 Complétez chaque dialogue en écrivant **moi, toi, lui, elle, nous, vous, eux** ou **elles**.

1. —Où est la prof, devant les élèves?

   —Oui, elle est devant _______________.

2. —Quel est ton prénom?

   —Qui, _______________? Je m'appelle Sara.

3. —Qui veut des lits jumeaux? M. Tremblay?

   —Non, _______________, il veut un grand lit.

4. —C'est vous qui sortez la poubelle?

   —Non, ce n'est pas _______________. Éric et moi, nous enlevons la poussière.

5. —M. et Mme Charbonneau paient le supplément?

   —Oui, lui et _______________, ils veulent le payer.

C'EST À TOI!
Level Two

6. —Marthe et Yasmine sont prêtes pour l'interro?

   — _____________________? Oui, elles ont bien étudié.

7. —Tu vas faire le ménage pour ton père et moi?

   —Oui, maman, je vais le faire pour _____________________.

8. —Qui est à la porte? C'est _____________________?

   —Oui, c'est moi.

---

7 | Lisez chaque phrase et dites si elle est vraie ou fausse. Suivez les modèles.

Modèles: Ton père aime les escargots.
   C'est faux. Ce n'est pas lui qui aime les escargots.

   Tu es l'élève le/la plus diligent(e) de la classe.
   C'est vrai. C'est moi qui suis l'élève le plus diligent de la classe.

1. Ton frère (ou ta sœur) prépare le dîner.

   ____

2. Tes amis jouent au tennis.

   ____

3. Ta mère a assisté au concert de rock.

   ____

4. Ton nouvel ami est québécois.

   ____

5. Tes parents ont voyagé à Québec.

   ____

6. Tu peux rentrer après minuit le weekend.

   ____

7. Je suis le professeur le plus strict de l'école.

   ____

8. Tes amies sont les filles les plus sympa de ta ville.

   ____

8 Répondez à chaque question affirmativement ou négativement en écrivant une phrase avec un pronom. Suivez les modèles.

Modèles: Ton ami a une jolie vue de sa chambre?
Oui, lui, il a une jolie vue de sa chambre.

Tu fais souvent le dîner?
Non, moi, je ne fais pas souvent le dîner.

1. Tu aimes la musique classique?

   ____

2. Tes parents ont deux enfants?

   ____

3. Ton amie porte un jean aujourd'hui?

   ____

4. Ton père est vietnamien?

   ____

5. Je donne beaucoup de devoirs à mes élèves?

   ____

6. Ton ami et toi, vous mangez ensemble?

   ____

7. Tes amies te téléphonent souvent?

   ____

8. J'ai beaucoup d'argent liquide?

   ____

Leçon B

9 | Complétez les mots croisés. Les expressions viennent de la Leçon B.

Horizontalement

1. C'est mon... de t'aider, Céline.

6. ... l'année scolaire, les élèves français ne vont pas à l'école le mercredi après-midi.

7. Je... quand j'ai une interro.

8. Les jeunes... en France vont souvent en boîte.

9. À Noël nous... à ma grand-mère qui habite à Sainte-Anne-de-Beaupré.

10. Tu fais l'... de finir tous tes devoirs?

11. L'année... ma sœur va aller à l'université.

Verticalement

2. ... j'aime regarder la télé.

3. Quand Éliane était petite, ses parents lui... des histoires.

4. Dans un... il y a beaucoup de lits jumeaux.

5. Quand ils voyagent, les jeunes gens préfèrent rester dans une....

10 Choisissez l'expression convenable pour décrire le séjour d'Ariane à Paris.

prochaine	GENS	le soir	dortoir	auberge de jeunesse
décris	**nationalités**		rendre visite	effort

Je vous _________________________ mon séjour à Paris. Je suis restée dans une _________________________ où il y avait beaucoup de _________________________ de mon âge. Il y avait des Anglais, des Allemands, des Américains et beaucoup d'autres _________________________. J'ai dormi dans un _________________________. Pendant la journée nous regardions tous les monuments célèbres. _________________________ nous écoutions de la musique et nous dansions. Je faisais l'_________________________ de parler français, surtout avec Michel, mon nouveau copain. Il va me _________________________ à Tours la semaine _________________________.

P O U R   T O I

Imperfect tense

To form the imperfect tense, drop the **-ons** ending from the present tense **nous** form and add the imperfect endings.

prendre

je	prenais	nous	prenions
tu	prenais	vous	preniez
il/elle/on	prenait	ils/elles	prenaient

Remember that **être** is the only verb with an irregular stem in the imperfect tense.

j'	étais	nous	étions
tu	étais	vous	étiez
il/elle/on	était	ils/elles	étaient

Use the imperfect to describe:

- people or things as they were or used to be

  La vue **était** jolie.   *The view was pretty.*

- conditions as they were or used to be

  Il y **avait** du soleil.   *The sun was shining.*

- actions that took place regularly or repeatedly in the past

  Le soir nous **regardions** la télé.   *In the evening we used to watch TV.*

---

11 | Racontez ce que tout le monde faisait chaque jour pendant les vacances.

1. Vincent et moi, nous/travailler

   ____

2. je/vendre des vêtements

   ____

3. mon père/jouer au golf

   ____

4. Jamila et toi, vous/rester dans une auberge de jeunesse

   ____

5. tu/regarder des monuments intéressants

   ____

Grammar and Vocabulary Exercises   ©EMC

6. ma mère/lire un roman

____

7. mes copines/rendre visite à leurs amis

____

8. Fabrice et Dikembe/prendre des photos

____

12 Dites ce que tout le monde faisait quand le car scolaire (*school bus*) est tombé en panne (*broke down*).

1. je/manger un sandwich

____

2. Karima et Isabelle/se maquiller

____

3. tu/ouvrir ton livre de maths

____

4. Ousmane/téléphoner

____

5. Éric et toi, vous/faire vos devoirs

____

6. Valérie/dormir

____

7. Daniel et moi, nous/prendre un coca

____

8. Assia et David/jouer aux cartes

____

---

13 Complétez chaque phrase avec le verbe indiqué à l'imparfait.

1. (s'amuser)   Mes copains et moi, nous ________________________ à
Disneyland Paris.

2. (avoir)   Il y ________________________ beaucoup de jeunes gens au bal.

3. (prendre)   M. de Lencquesaing ________________________ des photos de la tour
Eiffel de son appartement.

4. (laisser)   Mme Taxy ________________________ ses enfants à l'école à 8h00.

5. (envoyer)   Chaque mois j'________________________ un aérogramme à
mon correspondant.

6. (sympathiser)   Est-ce que vous ________________________ avec votre camarade
de chambre?

7. (s'asseoir)   Tu ________________________ dans ton fauteuil favori.

8. (se dépêcher)   Renée et Arabéa ________________________ le matin.

9. (offrir)   Les profs nous ________________________ des cartes d'anniversaire.

10. (courir)   Je ________________________ à la gare.

11. (allumer)   Après le dîner, on ________________________ la télé.

12. (emmener)   Chaque année nos profs nous ________________________ au musée.

---

14 Écrivez une phrase complète en disant où tout le monde était quand le cyclone est arrivé. Dites
aussi ce que chaque personne faisait. Suivez le modèle.

Modèle: Bruno/à l'école/jouer aux échecs
Bruno était à l'école. Il jouait aux échecs.

1. tu/à l'hôtel/régler

____

2. Pierre et Abdoul/à la gare/composter leurs billets

____

3. Florence et moi, nous/à l'auberge de jeunesse/écouter de la musique

____

4. Sophie et toi, vous/à l'hôtel/parler à la réceptionniste

____

5. je/à l'auberge de jeunesse/danser

____

6. Mme Diop/au supermarché/faire les courses

   ____

7. Adja et Latifa/à la banque/signer des chèques de voyage

   ____

8. M. Bonitzer/à l'aéroport/passer à la douane

   ____

15 Jacqueline Brissac habitait dans un petit village quand elle était petite. Complétez la description de son enfance (*childhood*) en mettant les verbes indiqués à l'imparfait.

> Quand j'(1. être) petite, j'(2. habiter) à Saint-Pierre, un petit village en France. Tous les matins, j'(3. aller) à l'école à pied. Quand je (4. passer) devant la pâtisserie de mon père, je lui (5. dire), "Bonjour!" Les autres élèves et moi, nous (6. étudier) beaucoup. Souvent la prof (7. écrire) les devoirs au tableau. À midi mon amie Chloé et moi, nous (8. piqueniquer) dans le parc. Chaque jour nous (9. rendre visite) à mon père qui nous (10. donner) un gâteau. Après l'école j'(11. aider) ma mère dans la cuisine. Mon frère et moi, nous (12. mettre) la table. Mes parents (13. faire) la vaisselle. Le soir ma famille et moi, nous (14. écouter) la radio. Comment (15. être) la vie quand tu (16. être) petit(e)?

1. _____________________   9. _____________________

2. _____________________   10. _____________________

3. _____________________   11. _____________________

4. _____________________   12. _____________________

5. _____________________   13. _____________________

6. _____________________   14. _____________________

7. _____________________   15. _____________________

8. _____________________   16. _____________________

The adjective **tout**

The adjective **tout** has four different forms which agree in gender and number with the nouns they describe. **Tout** may be followed by a definite article (**le, la, l', les**), a possessive adjective (**mon, ma, mes**, etc.) or a demonstrative adjective (**ce, cet, cette, ces**).

Masculine Singular	tout	J'ai mangé **tout** le fromage.	*I ate all the cheese.*
Feminine Singular	toute	Anne finit **toute** la pomme.	*Anne finishes the whole apple.*
Masculine Plural	tous	**Tous** mes amis travaillent.	*All my friends work.*
Feminine Plural	toutes	Je lis **toutes** ces lettres.	*I'm reading all these letters.*

16 Dites que les personnes suivantes finissent tout à la cantine. Suivez le modèle.

Modèle: Mme Nanty/le yaourt
Mme Nanty finit tout le yaourt.

1. Mlle Rosny/la limonade

   ____

2. Benjamin/le dessert

   ____

3. Marie-Alix/la pizza

   ____

4. M. Quinet/les œufs

   ____

5. Stéphanie/les crudités

   ____

6. Karim/les raisins

   ____

7. Laurent/le lait

   ____

8. Myriam/les frites

   ____

17 Complétez chaque phrase avec **tout**, **toute**, **tous** ou **toutes**.

1. Maman range _________________________ les pièces le weekend.

2. Chloé est occupée _________________________ le temps.

3. Je viens à l'école _________________________ les jours.

4. _________________________ ces tableaux sont impressionnistes.

5. Nous étudions bien _________________________ la journée.

6. Vous vouliez manger _________________________ ces tartes?

7. _________________________ l'histoire était marrante.

8. _________________________ le monde fait une promenade en voiture.

18 Le guide de M. Hamet lui pose des questions pendant son voyage en France. Jouez le rôle de M. Hamet et répondez affirmativement avec la forme convenable de **tout**. Suivez le modèle.

Modèle: Vous aimez les grands magasins?
Mais oui, j'aime tous les grands magasins.

1. Vous aimez les restaurants?

   ____

2. Vous aimez les boutiques?

   ____

3. Vous aimez les monuments?

   ____

4. Vous aimez les pâtisseries?

   ____

5. Vous aimez les musées?

   ____

6. Vous aimez les plages?

   ____

7. Vous aimez les hôtels?

   ____

8. Vous aimez les boulangeries?

   ____

19 | Faites-vous les activités suivantes régulièrement? Répondez affirmativement ou négativement en utilisant **tous** ou **toutes** et l'expression entre parenthèses. Suivez le modèle.

Modèle: allumer la télé (le soir)
J'allume la télé tous les soirs.
ou
Je n'allume pas la télé tous les soirs.

1. sortir avec mes amis (le vendredi soir)

   ____

2. faire du sport (l'après-midi)

   ____

3. prendre du jus d'orange (le matin)

   ____

4. aller à la bibliothèque (la semaine)

   ____

5. aller à la banque (le mois)

   ____

6. fêter mon anniversaire (l'an)

   ____

7. se raser (le jour)

   ____

8. aller au cinéma (la semaine)

   ____

Leçon C

20 | Trouvez les noms de 14 choses qu'on mange ou boit pour le petit déjeuner.

21 | Complétez chaque phrase avec l'expression convenable dans la liste suivante.

utilise	profiter	bois	**tartine**	descend	lendemain
avant de	remplir	complet	cas	REÇOIT	fiche de commande

1. À la bibliothèque M. Haïm a dû _________________________ une fiche avant de pouvoir avoir une carte.

2. Normand _________________________ à 8h00 pour prendre le petit déjeuner.

3. Il faut _________________________ du soleil; donc, je vais à la plage.

4. _________________________ nager, on met un maillot de bain.

5. Comme petit déjeuner beaucoup de Français prennent une _________________________ et du café au lait.

6. Est-ce que tu _______________________ du lait tous les jours?

7. On _______________________ un ordinateur pour envoyer des e-mails.

8. Il pleut. Dans ce _______________________, je porte mon imper.

9. Quand tu as très faim, prends-tu un petit déjeuner _______________________?

10. Les clients de l'hôtel mettent la _______________________ sur la porte avant de dormir.

11. Le _______________________ de son arrivée à Paris, Gilberte a visité le Louvre.

12. Qui _______________________ des lettres toutes les semaines?

POUR TOI

Present tense of the irregular verb **recevoir**

Do you remember the forms of the verb **recevoir** (*to receive, to get*)?

je	reçois	nous	recevons
tu	reçois	vous	recevez
il/elle/on	reçoit	ils/elles	reçoivent

Another verb that is formed like **recevoir** is **apercevoir** (*to see, to catch sight of*).

The irregular past participle of **recevoir** is **reçu**.

J'ai **reçu** ton colis.   *I received your package.*

---

22 Complétez chaque phrase avec la forme convenable de **recevoir**.

1. Mlle Bonnin _______________________ son courrier à la poste.

2. Est-ce que tu _______________________ une carte pour ton anniversaire?

3. Qu'est-ce que vous _______________________ pour Noël?

4. Jean _______________________-il des aérogrammes de son correspondant?

5. M. et Mme Courteline _______________________ une fiche de commande à l'hôtel.

6. Moi, je _______________________ mes amis le samedi soir.

7. Ma sœur et moi, nous _______________________ Béatrice et Assane.

8. Jeanne et Zohra _______________________ des foulards.

23 Dites quels sites tout le monde aperçoit en faisant (*by taking*) une promenade sur la Seine à Paris. Suivez le modèle.

Modèle: Cécile/le Louvre
           Cécile aperçoit le Louvre.

1. Théo et moi, nous/la tour Eiffel

   ____

2. tu/le musée d'Orsay

   ____

3. Sandrine et toi, vous/les Invalides

   ____

4. je/les jardins des Tuileries

   ____

5. M. Boulingrin/la place de la Concorde

   ____

6. Khadim et Michèle/le Grand Palais

   ____

7. Mlle Eyraud/la statue de la Liberté

   ____

8. mes sœurs/Notre-Dame

   ____

24 Répondez à chaque question en écrivant une phrase complète.

1. Reçois-tu des lettres toutes les semaines?

   ____

2. Est-ce que tes parents reçoivent des e-mails chez toi?

   ____

3. Quand reçois-tu des amis chez toi?

   ____

4. Quand est-ce que ta famille reçoit tes parents?

   ____

5. Qu'est-ce que tu aperçois de la fenêtre de la salle de classe?

   ____

6. Qu'est-ce que tu as reçu pour ton anniversaire?

   ____

7. Qu'est-ce que tu as reçu du facteur ce mois?

   ____

8. As-tu reçu une carte de crédit?

   ____

---

25 | Dites quand les gens suivants ont reçu les personnes indiquées. Suivez le modèle.

Modèle: les enfants/leurs pères/la fête des Pères en juin
Les enfants ont reçu leurs pères pour la fête des Pères en juin.

1. les enfants/leurs mères/la fête des Mères en mai

   ____

2. tu/ton ami(e)/la Saint-Valentin en février

   ____

3. les Québécois/leurs voisins (*neighbors*)/la Saint-Jean en juin

   ____

4. les Aknouch/Aurélie/le Ramadan en septembre

   ____

5. je/les enfants du quartier/la veille de la Toussaint en octobre

   ____

6. nous/toute la famille/la veille de Noël en décembre

   ____

7. vous/vos amis/la Saint-Sylvestre en décembre

   ____

P O U R   T O I

Present tense of the irregular verb **boire**

Here are the forms of the verb **boire** (*to drink*).

je	bois	nous	buvons
tu	bois	vous	buvez
il/elle/on	boit	ils/elles	boivent

The irregular past participle of **boire** is **bu**.

Qui a **bu** tout le lait?   *Who drank all the milk?*

---

26 Écrivez une phrase complète en utilisant la forme convenable de **boire** et la boisson la plus logique dans la liste.

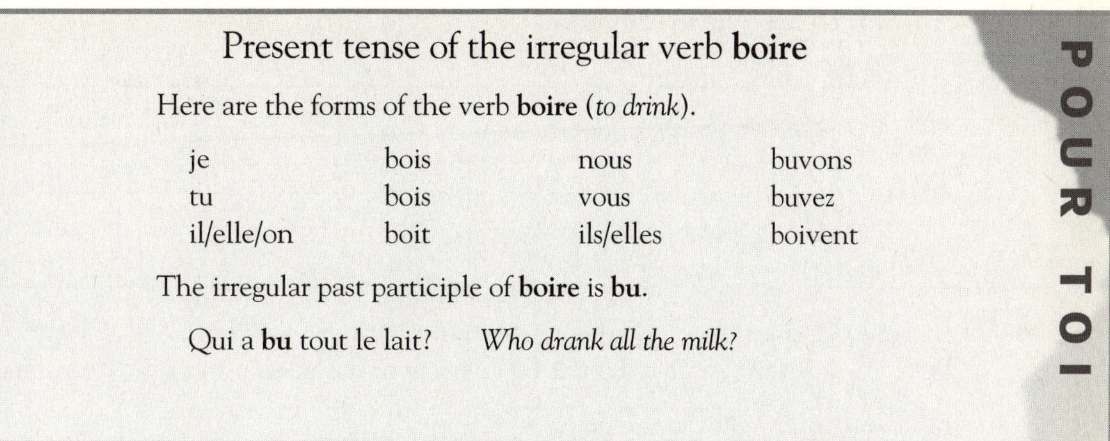

Modèle: avant de courir/tu
Avant de courir, tu bois de l'eau minérale.

1. quand j'ai mal à la gorge/je

   ____

2. quand nous skions/nous

   ____

3. avant de dormir/mon grand-père

   ____

4. au petit déjeuner/les Américains

   ____

5. au Café du Nord/Leïla et Saïd

   ____

6. quand il fait chaud/Lamine et toi, vous

   ____

7. au petit déjeuner/les Français

    ____

8. au restaurant/Mme Coutureau

    ____

27 Il faisait très chaud hier à Québec. Alors tout le monde voulait boire quelque chose de froid. Dites si les personnes suivantes ont bu les boissons indiquées ou pas. Suivez les modèles.

Modèles: Mlle Richy/du jus de pomme
Mlle Richy a bu du jus de pomme.

tu/du café
Tu n'as pas bu de café.

1. je/du jus de pamplemousse

    ____

2. M. Loir/du thé au lait

    ____

3. Manu et toi, vous/du chocolat chaud

    ____

4. les Italiens/du coca

    ____

5. tu/du jus de tomate

    ____

6. Françoise et moi, nous/de l'eau minérale

    ____

7. mes demi-sœurs/du café au lait

    ____

8. Margarette/du thé

    ____

Unité 9

Des gens célèbres du monde francophone

Leçon A

1 | Écrivez la profession ou le métier convenable dans le blanc. Commencez avec **un** ou **une**.

1. Mme Plassard aide les animaux malades.

   C'est _______________________________.

2. Georges ouvre les lettres du président de la compagnie.

   C'est _______________________________.

3. France Gall vient de faire un nouveau CD.

   C'est _______________________________.

4. Edward Kennedy représente l'état de Massachusetts.

   C'est _______________________________.

5. Paul Bocuse prépare des spécialités françaises.

   C'est _______________________________.

6. Mlle Bourdon écrit des romans.

   C'est _______________________________.

7. M. Haubert travaille avec ses mains.

   C'est _______________________________.

8. Patrice Leconte travaille avec les acteurs.

   C'est _______________________________.

9. M. Taxy emmène les touristes à l'aéroport.

   C'est _______________________________.

10. M. Devos travaille pour Air France.

    C'est _______________________________.

11. Juliette Binoche joue le rôle principal dans *Chocolat*.

    C'est _______________________________.

12. Quand il y a le feu (*fire*), Mlle Caillaud arrive vite.

    C'est _______________________________.

13. M. Célarié travaille dans un laboratoire.

    C'est _______________________________.

2 | Trouvez les noms de 14 professions et métiers. Si l'expression est masculine dans l'Activité 1, elle est féminine dans l'Activité 2, et vice versa.

```
F E M M E P O L I T I Q U E Q
M N É C R I V A I N B M H R C
G È R E I P M O P P B E Z È H
I C S I A R W J I E S F M I E
Z S L L N V U L T U O P G R M
S N D J I O O E E P O W R V M
A E A I R T L H T K O U R U B
R R C M E H C P R C E P T O I
E U N R T R K U B F A C Z N D
D E L A E B E Z F L K T A H Z
M T J H V T N U A B M M Z H U
X T C V N K A Z E C Y E Y D F
L E R A R H T I R D F P Z A B
U M H P C H E F R W T I Q X O
J C L G V M B M X E K U N J E
```


Grammar and Vocabulary Exercises

©EMC

3 Faites des prédictions sur ce que les jeunes gens suivants vont choisir comme profession ou métier. Suivez le modèle.

Modèle: Abdou a aidé un chat à descendre un arbre.
            Il veut devenir pompier.

1. Amélie aime répondre (*answer*) au téléphone et écrire des messages.

   ____

2. Jules aime écrire des histoires.

   ____

3. Benoît a un chien, un chat et un oiseau.

   ____

4. Martine aime faire du sport.

   ____

5. Julie aime aider sa mère dans la cuisine.

   ____

6. André aime la musique et il imite les chanteurs à la radio.

   ____

7. Anne aime donner des ordres aux acteurs.

   ____

8. Guillaume aime mettre des costumes et jouer des rôles différents.

   ____

9. Marie aime travailler avec ses mains.

   ____

10. Sophie aime emmener les gens en ville.

    ____

11. Michel aime faire des excurions en avion.

    ____

4 Complétez les mots croisés. Les expressions viennent de la Leçon A.

Horizontalement

5. Jules a 20 sur 20 sur ses interros de maths. Il est évident qu'il est… en maths.

7. Au… j'ai vu *Roméo et Juliette*.

8. Mes amis… que je suis sympa.

9. Un boulot en théâtre? Ça ne m'… pas. Je préfère travailler dans le journalisme.

10. Je cours tous les jours parce que j'ai besoin de….

Verticalement

1. C'était un film…! Voilà pourquoi il était si populaire.

2. …, il faut faire un effort à l'école.

3. Ce n'était pas une histoire marrante. Angèle l'a racontée….

4. L'année prochaine Bruno va aller à l'université. Cette année il est en….

6. Samedi soir Aurélie et Fabrice vont… au cinéma.

Interrogative pronouns

Can you tell the difference between these two questions?

Qui est-ce qui est doué en maths?   <u>Béatrice</u> est doué en maths.

Qu'est-ce qui est dans son sac à dos?   <u>Ses cahiers</u> sont dans son sac à dos.

Qui at the beginning of the interrogative pronoun tells you that the answer is a person. **Que (Qu')** at the beginning of the interrogative pronoun tells you that the answer is a thing. **Qui** at the end of the interrogative pronoun tells you that the answer is the subject of the sentence.

	Subject	Direct Object	Object of Preposition
People	qui qui est-ce qui	qui qui est-ce que	qui
Things	qu'est-ce qui	que qu'est-ce que	quoi

What distinguishes the following two questions from each other?

Qui est-ce qu'Anne aime?   Anne aime <u>Jean-Pierre</u>.

Qu'est-ce que tu prends?   Je prends <u>le steak-frites</u>.

Again, **Qui** at the beginning of the interrogative pronoun tells you that the answer is a person. **Que (Qu')** at the beginning of the interrogative pronoun tells you the answer is a thing. The use of **que (qu')** at the end of the interrogative pronoun tells you that the answer is the direct object of the sentence.

Sometimes interrogative pronouns are introduced by a preposition. In this case, **qui** refers to a person and **quoi** refers to a thing.

À **qui est-ce que** Marie téléphone?   or   À **qui** Marie téléphone-t-elle?

À **quoi est-ce que** vous pensez?   or   À **quoi** pensez-vous?

Note that **est-ce que** is omitted when inversion is used.

---

5 | Pour chaque phrase écrivez la question appropriée qui commence avec **Qui** ou **Qu'est-ce qui**. Suivez les modèles.

Modèles: Julie achète des accessoires en cuir.
Qui achète des accessoires en cuir?

Le temps passe vite.
Qu'est-ce qui passe vite?

1. Michel veut devenir pompier.

   ____

2. Jacqueline est en terminale.

   ____

3. Les maths m'intéressent.

   ____

4. Le chef reçoit une commande.

   ____

5. La fenêtre donne sur le jardin.

   ____

6. Le panneau indique la porte d'embarquement.

   ____

7. Versailles est fermé le lundi.

   ____

8. Amine va me rendre visite bientôt.

   ____

---

6 Écrivez une phrase complète qui répond logiquement à la question. Suivez les modèles.

Modèles: Qui est-ce qui aime le mec qui joue de la clarinette?
Nathalie l'aime.

Qu'est-ce qui t'inquiète?
Les interros m'inquiètent.

1. Qui est-ce qui va assister au concert?

   ____

2. Qui met son jean?

   ____

3. Qu'est-ce qui est extra?

   ____

4. Qui est-ce qui se perfectionne en sciences?

   ____

5. Qu'est-ce qui est à côté du bureau du professeur?

   ____

6. Qu'est-ce qui t'intéresse comme profession?

   ____

7. Qui est une actrice extra?

____

8. Qu'est-ce qui t'aide à mieux étudier?

____

---

7 Pour chaque phrase écrivez la question appropriée qui commence avec **Qui est-ce que** ou **Qu'est-ce que**. Suivez les modèles.

Modèles: Le postier aide Abdel-Cader.
Qui est-ce que le postier aide?

Marcel ouvre le cadeau.
Qu'est-ce que Marcel ouvre?

1. J'admire Isabelle Adjani.

____

2. Max a vu Gérard Depardieu dans la rue.

____

3. Nous avons acheté un billet d'avion.

____

4. Adèle va inviter Mohamed au café.

____

5. Julie et Malick ont fait leurs devoirs d'anglais.

____

6. J'allais chercher Nancy à l'aéroport.

____

7. Nous avons pris des moules au restaurant.

____

8. Papa a ouvert le frigo.

____

---

8 | Écrivez une phrase complète qui répond logiquement à la question. Suivez les modèles.

Modèles: Qui est-ce que tu remercies?
Je remercie tout le monde.

Qu'est-ce que ton ami regarde?
Mon ami regarde un jeu télévisé.

1. Qu'est-ce que tu vas lire ce soir?

   ____

2. Qui est-ce que ta prof de français croit?

   ____

3. Qui est-ce que ta mère voit au supermarché?

   ____

4. Qu'est-ce que ta famille et toi préparez pour le dîner?

   ____

5. Qui est-ce que Fayçal reçoit chez lui?

   ____

6. Qu'est-ce que tes parents font le weekend?

   ____

7. Qui est-ce que tu aides?

   ____

8. Qu'est-ce que tu offres à ton ami(e) pour son anniversaire?

   ____

---

9 | Pour chaque phrase écrivez la question appropriée. Utilisez **Qui**, **Qu'est-ce qui**, **Qui est-ce que** ou **Qu'est-ce que** pour remplacer les mots soulignés.

1. Jean choisit <u>les accessoires en cuir</u>.

   ____

2. <u>Le cinéma</u> m'intéresse.

   ____

3. Nous invitons <u>Max et Karine</u>.

   ____

4. <u>Nathalie</u> se perfectionne en théâtre.

    ____

5. J'aime <u>mes études</u>.

    ____

6. Les filles ont vu <u>Sylvie</u> au grand magasin.

    ____

7. <u>Mahmoud</u> a un boulot parfait.

    ____

8. <u>Les parapluies</u> sont bon marché.

    ____

---

10 Complétez chaque dialogue avec le pronom convenable dans la liste suivante.

qui est-ce qui	QUI	qui est-ce que	qu'est-ce qui
que	qu'est-ce que		quoi

1. —Avec _______________________ est-ce que Catherine sympathise bien?

    —Elle sympathise bien avec son frère, Denis.

2. —_______________________ vous prenez ce matin?

    —Nous prenons du pain perdu.

3. —_______________________ pensez-vous de mon choix?

    —Je pense que ton choix est logique.

4. —De _______________________ est-ce que tes amis préfèrent parler?

    —Ils préfèrent parler de la musique, surtout le rock.

5. —_______________________ recommence en septembre?

    —L'école recommence. Quelle galère!

6. —_________________________ tu emmènes en ville?

   —Madeleine. Je l'emmène à la banque.

7. —_________________________ t'intéresse comme profession?

   —Le journalisme m'intéresse beaucoup.

8. —_________________________ pèse le colis?

   —La postière le pèse.

POUR TOI

Present tense of the irregular verb **croire**

Do you remember the forms of the verb **croire** (*to believe, to think*)?

je	crois	nous	croyons
tu	crois	vous	croyez
il/elle/on	croit	ils/elles	croient

The irregular past participle of **croire** is **cru**.

| Les journalistes ont **cru** l'homme politique. | *The journalists believed the politician.* |

---

11 | Dites ce que les touristes au Louvre croient.

1. Je _________________ qu'il faut visiter le Louvre.

2. Nous _________________ que le Louvre est ouvert aujourd'hui.

3. Tu _________________ qu'il faut faire la queue au guichet.

4. Henri _________________ qu'il a perdu son billet.

5. Clémence et Malika _________________ qu'il faut avoir un plan du musée.

6. Jérémy et toi, vous _________________ que les tableaux sont très beaux.

7. Laïla _________________ que *la Joconde* est mystérieuse.

8. Tous les touristes _________________ que le Louvre est extra!

Grammar and Vocabulary Exercises   ©EMC

12 | Écrivez une phrase avec **croire** pour dire l'opinion de tout le monde. Suivez le modèle.

Modèle: À ton avis, il fait mauvais aujourd'hui.
Tu crois qu'il fait mauvais aujourd'hui.

1. À mon avis, il faut manger des fruits et des légumes tous les jours.

____

2. Selon Agnès, le foot est le sport le plus populaire en France.

____

3. Selon nous, Robert ressemble à sa sœur.

____

4. À ton avis, l'anglais est le cours le plus intéressant.

____

5. Selon Ahmed et Laure, Guillaume est doué en théâtre.

____

6. À votre avis, Nadine est trop égoïste.

____

7. Selon le prof de maths, les élèves étaient paresseux hier.

____

8. Selon les filles, Abdel-Cader est le garçon le plus sympa de l'école.

____

13 | Exprimez votre opinion sur les gens suivants. Suivez le modèle.

Modèle: les professeurs
Je crois que les professeurs aiment travailler avec les jeunes gens.

1. les pompiers

____

2. les médecins

____

3. les avocats

____

4. les pilotes

   ____

5. les femmes politiques

   ____

6. les vétérinaires

   ____

7. les athlètes

   ____

8. les chanteurs

   ____

14 Tout le monde avait une idée différente de ce qui allait se passer pendant le weekend. Écrivez la forme convenable de **croire** au passé composé.

1. Fatima _________________ que Paul allait sortir avec Anne-Marie.

2. Emmanuel et moi, nous _________________ qu'il allait pleuvoir.

3. Mamadou et toi, vous _________________ que mon frère n'allait pas venir à la boum.

4. André et Abdou _________________ que les filles allaient choisir un film.

5. Clément _________________ qu'Alain n'allait pas accepter l'invitation de Martine.

6. J'_________________ que tu allais faire du footing.

7. Tu _________________ que tes parents allaient rentrer tard samedi soir.

8. Élisabeth _________________ que Frédéric allait l'inviter au café.

Leçon B

15 | Complétez les mots croisés. Les expressions viennent de la Leçon B.

Horizontalement

3. Je suis libre jeudi soir. Donc, j'... ton invitation à sortir.

5. As-tu envie de... tous les animaux du zoo?

7. Beaucoup de prénoms français viennent des noms des....

9. Denise a cherché du travail pendant un mois. ..., elle a trouvé un boulot.

12. Un lieutenant est un membre de l'....

Verticalement

1. La... de Vietnam s'est terminée en 1973.

2. Jean-Philippe est entré dans la salle de classe en retard. ..., il n'a pas fait ses devoirs.

4. L'... du roman est une femme d'affaires.

6. La maison n'a pas... parce que les pompiers sont arrivés tout de suite.

8. Simon... beaucoup de dates pour son cours d'histoire.

10. John F. Kennedy est... en 1963.

11. Ma mère est... en 1957.

16 Mettez le mot convenable dans le blanc pour décrire la vie de Jeanne d'Arc.

> armée VOIX héroïne sainte **finalement**
> **brûlée** morte délivré née

Jeanne d'Arc est _________________ à Domrémy en 1412. Quand elle avait 13 ans, elle a entendu des _________________ qui lui ont dit d'aller aider Charles VII. Charles ne voulait pas accepter son aide, mais _________________ il l'a mise à la tête de son _________________. En 1429 Jeanne a _________________ la ville d'Orléans des Anglais. Mais les Anglais l'ont capturée et l'ont _________________. Elle est _________________ en 1431. En 1920 elle est devenue _________________.

C'est une vraie _________________ dans l'histoire de France.

POUR TOI

The imperfect and the **passé composé**

How can you tell when to use the imperfect or the **passé composé**?

Imperfect	Passé Composé
"How were things?"	"What happened?"
repeated actions	completed actions
background information	events that took place only once
description of conditions or circumstances	description of specific events at a certain time

The imperfect answers the question "How were things?" Use the imperfect to give background information and to describe conditions or circumstances in the past.

Cendrillon (*Cinderella*) **était** pauvre. Elle **travaillait** tous les jours.

The **passé composé** answers the question "What happened?" Use the **passé composé** to tell what events occurred only one time in the past.

Un jour une fée (*fairy*) **est venue**. Elle **a donné** une belle robe à Cendrillon.

To describe an action that was happening when it was interrupted by another action, use the imperfect for the continuous action and the **passé composé** for the completed action.

Quand Cendrillon **était** au bal, elle **a fait la connaissance** d'un beau prince.

The following verbs that describe mental activity in the past are generally in the imperfect: **adorer, aimer, avoir, connaître, croire, espérer, être, penser, pouvoir, savoir** and **vouloir**.

17   Dites ce que tout le monde faisait quand papa est rentré. Suivez le modèle.

    Modèle: Véronique/sortir la poubelle

            Véronique sortait la poubelle quand papa est rentré.

1. je/regarder la télé

    ____

2. maman/préparer le dîner

    ____

3. mon copain et moi, nous/jouer aux jeux vidéo

    ____

4. tu/faire le ménage

    ____

5. Étienne/mettre la table

    ____

6. Nathalie et toi, vous/enlever la poussière

    ____

18   Dites ce qui est arrivé (*happened*) quand tout le monde était petit. Suivez le modèle.

    Modèle: Marcel/trouver un chat

            Marcel a trouvé un chat quand il était petit.

1. mon frère et moi, nous/voyager au Canada

    ____

2. Marie/recevoir un nouveau vélo

    ____

3. Louis et toi, vous/acheter des bandes dessinées

    ____

4. je/rendre visite à ma tante

    ____

5. Christine et Delphine/visiter Orlando

    ____

6. tu/lire *The Complete Tales of Winnie-the-Pooh*

____

7. Jean-Christophe/faire la connaissance de Luc

____

8. Édouard et Salim/apprendre à faire du roller

____

19 | Décidez ce que tout le monde a fait dans les situations suivantes. Utilisez l'imparfait dans la première phrase et le passé composé dans la deuxième phrase. Suivez le modèle.

---

dormir	boire du thé au citron	utiliser le fer à repasser
manger	nager	prendre un mouchoir
aller dans le jardin	se dépêcher	mettre un pull

Modèle: je/avoir faim
J'avais faim. Donc, j'ai mangé.

1. Chloé/devoir repasser sa chemise

____

2. je/être fatigué(e)

____

3. tu/avoir un rhume

____

4. Malick et moi, nous/être en retard

____

5. Alexandre et Jean-François/avoir froid

____

6. Christophe/avoir mal à la gorge

____

7. Thibault et toi, vous/avoir chaud

____

8. Anne et Sandrine/devoir arroser les plantes

____

20 | Voici la lettre que Solange a écrite à son frère qui assiste aux cours à l'université. Mettez les verbes indiqués au passé composé ou à l'imparfait.

> **Mon cher Thomas,**
>
> Il (1. faire) très beau samedi. Je (2. faire) une promenade à vélo avec Juliette. Nous (3. aller) au centre commercial acheter un cadeau d'anniversaire pour Laurent. C'(4. être) son seizième anniversaire. Ses parents (5. espérer) qu'il (6. rentrer) du travail à l'heure. Nous (7. manger) quand il (8. arriver). Tout le monde (9. danser) pendant des heures. On (10. s'amuser). Je (11. être) fatiguée après la boum. Et toi, qu'est-ce que tu (12. faire) ce weekend? Tes amis et toi, vous (13. sortir)?
>
> Ta sœur,
> Solange

1. _______________________
2. _______________________
3. _______________________
4. _______________________
5. _______________________
6. _______________________
7. _______________________

8. _______________________
9. _______________________
10. _______________________
11. _______________________
12. _______________________
13. _______________________

21 Patrick se prépare pour une interro sur l'histoire américaine. Aidez-le avec ses notes en mettant tous les verbes au passé. Utilisez l'imparfait ou le passé composé.

> Abraham Lincoln (1. être) le seizième président des États-Unis. Quand il (2. être) petit, il (3. aimer) lire et étudier. Il (4. apprendre) beaucoup de choses dans sa jeunesse (youth). Il (5. habiter) dans une petite maison à la campagne. Quand il (6. être) président, il (7. avoir) une barbe et il (8. être) grand. Il y (9. avoir) une guerre entre les états. En 1863 il (10. délivrer) les esclaves. En 1865 il (11. mourir) quand il (12. assister) à une pièce (play) au Ford Theater.

1. _______________________
2. _______________________
3. _______________________
4. _______________________
5. _______________________
6. _______________________

7. _______________________
8. _______________________
9. _______________________
10. _______________________
11. _______________________
12. _______________________

Leçon C

22 | Écrivez la forme convenable de l'adjectif approprié dans chaque blanc.

actif	**amusant**	**sérieux**
courageux		**poli**

1. Mme Leblanc dit, "Merci" au serveur. Elle est _______________________.

2. Juliette raconte des histoires marrantes. Elle est _______________________.

3. Malick étudie beaucoup. Il est _______________________.

4. André joue au golf, au basket et au foot. Il est _______________________.

5. Le pompier entre dans la maison qui brûle. Il est _______________________.

6. David dit, "Il n'y a pas de quoi" quand son ami le remercie d'un cadeau. Il est _______________________.

7. Angèle ne sourit (*smiles*) jamais. Elle est _______________________.

8. L'armée de Napoléon était _______________________.

9. Eddie Murphy joue un rôle dans une comédie. Il est _______________________.

10. Sylvie fait du sport tous les jours. Elle est _______________________.

23 | Complétez les mots croisés. Les expressions viennent de la Leçon C.

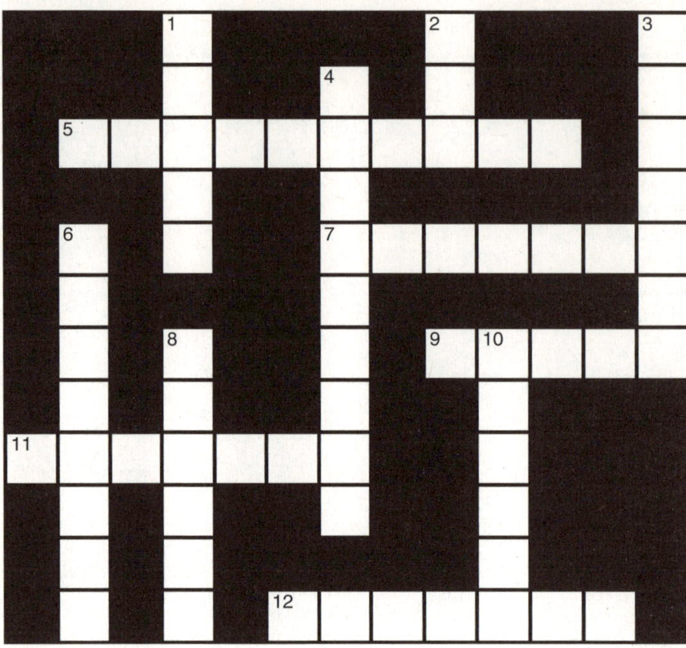

Horizonalement

5. Les chansons d'amour sont souvent....

7. Les jeunes gens aiment regarder les émissions de musique....

9. Les... de musique profitent des concerts gratuits (*free*).

11. Faith Hill est allée en... à New York, Chicago et Boston.

12. L'histoire du cerisier (*cherry tree*) montre que George Washington était....

Verticalement

1. Est-ce que tu aimes regarder des... à la télé?

2. Jacques Chirac... à Paris.

3. Les chansons de Patricia Kaas sont souvent bien... au hit-parade.

4. Mes... de classe écoutent notre prof.

6. Beaucoup de garçons pensent que Britney Spears est....

8. Les gens qui vont au casino aiment....

10. Les athlètes que Daniel... sont actifs et courageux.

Present tense of the irregular verb **vivre**

Do you remember the forms of the verb **vivre** (*to live*)?

je	vis	nous	vivons
tu	vis	vous	vivez
il/elle/on	vit	ils/elles	vivent

The irregular past participle of **vivre** is **vécu**.

Patricia Kaas a **vécu** en Alsace.   *Patricia Kaas lived in Alsace.*

P O U R   T O I

24 Écrivez une phrase avec **vivre** pour dire dans quel pays tout le monde vit. Suivez le modèle.

Modèle: Loan habite à Hô Chi Minh-Ville.
            Elle vit au Vietnam.

1. J'habite à Albuquerque.

   ____

2. Brigitte habite à Tours.

   ____

3. Nous habitons à Toronto.

   ____

4. Tu habites à Pointe-à-Pitre.

   ____

5. Salim habite à Tunis.

   ____

6. Yasmine et Leïla habitent à Rabat.

   ____

7. Vous habitez à Fort-de-France.

   ____

8. Alexandre et Guillaume habitent à Dakar.

   ____

25 | Dites en quel siècle ces gens célèbres ont vécu.

Modèle: Frédéric Chopin (1810–1849)
Il a vécu au dix-neuvième siècle.

1. Louis Pasteur (1822–95)

   ____

2. Molière (1622–73)

   ____

3. Victor Hugo (1802–85)

   ____

4. Jeanne d'Arc (1412–31)

   ____

5. François Truffaut (1932–84)

   ____

6. Nostradamus (1503–66)

   ____

7. Marie-Antoinette (1755–1793)

   ____

8. Édouard Manet (1832–1883)

   ____

POUR TOI

The pronoun y

The pronoun **y**, which means "there," replaces names of places introduced by prepositions such as **à**, **en**, **dans**, **sur**, **chez**, **derrière** and **devant**.

M. et Mme Bedos restent à cet hôtel?	*Mr. and Mrs. Bedos are staying in this hotel?*
Oui, ils **y** restent.	*Yes, they're staying there.*

The pronoun **y** usually comes right before the verb of which it is the object in sentences that are affirmative, interrogative, negative or have an infinitive.

Nous déjeunons à la cantine.	*We're having lunch in the cafeteria.*
Y déjeunez-vous?	*Are you having lunch there?*
Non, nous n'**y** déjeunons pas.	*No, we're not having lunch there.*
Mais nous allons **y** déjeuner jeudi.	*But we're going to have lunch there on Thursday.*

The pronoun **y** is also used to replace **à** + noun referring to a thing.

Grammar and Vocabulary Exercises   ©EMC

26   Écrivez une phrase avec **y** en disant quand on va et quand on ne va pas à chaque endroit (*place*). Suivez le modèle.

Modèle: au tabac (quand on veut acheter des livres/quand on veut acheter des timbres)
On n'y va pas quand on veut acheter des livres. On y va quand on veut acheter des timbres.

1. en boîte (pour danser/pour manger)

   ____

2. à l'aéroport (quand on voyage en avion/quand on voyage en train)

   ____

3. à la boulangerie (quand on a besoin de bœuf/quand on a besoin de pain)

   ____

4. à la plage (en hiver/en été)

   ____

5. au café (quand on a soif/quand on veut nager)

   ____

6. en ville (quand on veut skier/quand on veut faire du shopping)

   ____

7. à l'église (le dimanche/le mercredi)

   ____

8. au guichet automatique (quand on veut des aérogrammes/quand on veut de l'argent liquide)

   ____

27   Des étudiants français veulent passer le weekend à Paris, mais ils n'ont pas beaucoup d'argent. Répondez affirmativement ou négativement aux questions en utilisant **y**.

1. Christian reste à l'Hôtel Georges V?

   ____

2. Nous mangeons au Ritz?

   ____

3. Je vais au Louvre dimanche?

   ____

4. Charlotte va à la tour Eiffel en taxi?

   ____

5. Arnaud et Michel vont au cimetière Père-Lachaise en métro?

   ____

6. Vous louez une voiture à l'aéroport?

   ____

7. Tu vas au bal dans la rue?

   ____

8. Claire et Marianne piqueniquent dans les jardins des Tuileries?

   ____

28 | Répondez à chaque question en utilisant **y**.

1. Tu vis en Belgique?

   ____

2. Tu joues au foot?

   ____

3. Est-ce que tu vas en ville après les cours?

   ____

4. Penses-tu souvent à tes vacances?

   ____

5. Veux-tu voyager en France un jour?

   ____

6. Dois-tu rester chez toi ce soir?

   ____

7. Est-ce que tu vas aller à l'université?

   ____

8. As-tu assisté à tous tes cours cette semaine?

   ____

9. Est-ce que tu as vécu en Europe?

   ____

10. Es-tu allé(e) à la bibliothèque hier soir?

    ____

Unité 10   *Notre monde*

Leçon A

---

1 M. et Mme Gavard vendent des choses internationales. Dites d'où viennent certains objets dans leur magasin. Suivez le modèle.

Modèle: Ces objets d'art viennent d'Italie.
Ils sont italiens.

1. Ces tableaux viennent d'Haïti.

   ____

2. Cette table vient de Madagascar.

   ____

3. Ce vase vient de Guyane française.

   ____

4. Ces tapis viennent de Tahiti.

   ____

5. Ces assiettes viennent de Monaco.

   ____

6. Cette sculpture vient du Cameroun.

   ____

7. Ces verres viennent de la Martinique.

   ____

8. Ces affiches viennent de la Guadeloupe.

   ____

2   Complétez les mots croisés. Les expressions viennent de la Leçon A.

Horizontalement

4. Le prince..., qui habite à Monte-Carlo, s'appelle Albert.

5. ..., je n'aime pas les devoirs!

7. "Dors mon enfant" est un poème... par Elalangué Epanya Yondo, une Camerounaise.

8. Toussaint-Louverture est un héros....

9. Je voudrais goûter la... du jour.

10. M. Murat a mal au cœur quand il mange des plats... comme les coquilles Saint-Jacques au curry.

11. Avant de... à Paris, Philippe a vécu à Madagascar.

Verticalement

1. Je ne vais pas souvent au cinéma, mais... j'aime regarder un bon film d'aventures.

2. L'hôtel a téléphoné au chauffeur de taxi qui... les hommes d'affaires à l'hôtel.

3. ... est située dans l'océan Pacifique.

6. La capitale... est Fort-de-France.

Conditional tense

The French conditional tense consists of only one word and tells what *would* take place.

Tu déménagerais à Monaco?   *Would you move to Monaco?*

To form the conditional tense, add the endings of the imperfect tense (**-ais, -ais, -ait, -ions, -iez, -aient**) to the infinitive (minus the final **e**, if any). Note that the infinitive stem always ends in **-r**.

choisir

je	choisirais	nous	choisirions
tu	choisirais	vous	choisiriez
il/elle/on	choisirait	ils/elles	choisiraient

Did you know that when you say **Je voudrais** (*I would like*), you are using an irregular verb in the conditional? Here is a list of irregular verbs that do not use the infinitive as the stem to form the conditional.

Infinitive	Irregular Stem
aller	ir-
avoir	aur-
devoir	devr-
envoyer	enverr-
être	ser-
faire	fer-
falloir	faudr-
pouvoir	pourr-
recevoir	recevr-
savoir	saur-
venir	viendr-
voir	verr-
vouloir	voudr-

To be more polite, French speakers often use the verbs **vouloir**, **pouvoir**, **devoir** and **falloir** in the conditional.

Tu pourrais m'aider?   *Could you help me?*

---

3 Devinez (*guess*) ce que tout le monde aimerait être selon leurs préférences. Suivez le modèle.

Modèle: Raoul prépare des spécialités françaises.
               Il aimerait être chef.

1. J'aime voyager en avion.

    ____

2. Virginie et Colette aiment écrire des histoires.

    ____

3. Tu aimes travailler avec les enfants.

   ____

4. Didier aime travailler avec ses mains.

   ____

5. Vous aimez étudier la chimie.

   ____

6. Nous aimons faire du sport tous les jours.

   ____

7. Barbara aime parler de la politique.

   ____

8. Olivier et Mahmoud aiment aider les animaux malades.

   ____

---

4 | Votre ami vous parle. Posez-lui des questions au conditionnel. Suivez le modèle.

Modèle: C'est l'anniversaire de Sylvain. (qu'est-ce que/offrir)
Qu'est-ce que tu lui offrirais?

1. Je voudrais gagner (*win*) 1.000 euros à la loterie. (qu'est-ce que/acheter)

   ____

2. Je vais acheter une nouvelle affiche. (où/mettre)

   ____

3. Mon correspondant français va m'inviter à passer une semaine chez lui. (quand/rendre visite à)

   ____

4. Je pense que j'ai la grippe. (à qui/téléphoner)

   ____

5. Je vais avoir une boum. (qui/inviter)

   ____

6. J'aimerais faire une excursion (*take a trip*). (comment/voyager)

   ____

7. J'aimerais visiter Tahiti. (dans quelle ville/rester)

    ____

8. Je voudrais aller en boîte. (quand/rentrer)

    ____

5 Les gens suivants ont de mauvaises habitudes (*habits*). Qu'est-ce qu'ils feraient s'ils réformaient? Suivez le modèle.

Modèle: Anne et moi, nous ne compostons pas nos billets.
Anne et moi, nous composterions nos billets.

1. Nous ne rendons pas visite à notre grand-mère.

    ____

2. Je n'écris pas à ma correspondante tous les mois.

    ____

3. Tu ne finis pas tes devoirs de français.

    ____

4. Marie et Jacques parlent trop en classe.

    ____

5. Sylvie ne joue pas avec les enfants qu'elle garde.

    ____

6. Abdoul et toi, vous n'aidez pas vos amis.

    ____

7. Jérôme parie au casino.

    ____

8. Zakia et Mireille boivent trop.

    ____

6 Qu'est-ce qu'on devrait faire pour rester en bonne santé? Formez des phrases avec **devoir** au conditionnel. Suivez le modèle.

Modèle: Mange des fruits frais! (tu)
Tu devrais manger des fruits frais.

1. Ne t'inquiète pas! (vous)

____

2. Bois beaucoup de jus de fruit! (je)

____

3. Prépare des légumes frais! (on)

____

4. Prends huit verres d'eau par jour! (nous)

____

5. Dors huit heures par jour! (ils)

____

6. Fais du sport! (tu)

____

7. Prends rendez-vous avec ton médecin tous les ans! (elle)

____

8. Marche une demi-heure par jour! (elles)

____

7   Que choisiriez-vous? Suivez le modèle.

Modèle: devenir chanteur/chanteuse ou devenir vétérinaire?
Je deviendrais vétérinaire.

1. faire de la plongée sous-marine ou faire de la planche à voile?

   ____

2. être à Paris ou être à Papeete?

   ____

3. venir à la boum avec un(e) ami(e) ou venir seul(e) (*alone*)?

   ____

4. déménager à la Martinique ou déménager au Canada?

   ____

5. aller en Afrique ou aller en Europe?

   ____

6. avoir une grande maison ou avoir beaucoup d'argent à la banque?

   ____

7. faire du cheval ou faire du vélo?

   ____

8. aller en boîte ou aller au cinéma?

   ____

8   Des étudiants à la Sorbonne se rejoignent au café et parlent de ce qu'ils feraient s'ils n'étaient pas étudiants. Formez des phrases complètes qui utilisent le conditionnel. Suivez le modèle.

Modèle: Élodie (se perfectionner en théâtre; jouer des rôles à la Comédie-Française)
Élodie se perfectionnerait en théâtre. Elle jouerait des rôles à la Comédie-Française.

1. je (être journaliste; écrire des articles pour *Madame Figaro*)

   ____

2. Thomas (devenir homme politique; aider les gens pauvres)

   ____

3. tu (être chef; ouvrir un restaurant)

　　____

4. Xavier et Laure (vivre à la campagne; faire du cheval tous les jours)

　　____

5. Julie et moi, nous (voir le monde; faire de la voile)

　　____

6. Julien et toi, vous (apprendre à jouer du synthé; aller en tournée aux États-Unis)

　　____

7. Suzanne et Gabrielle (déménager à Tahiti; recevoir leurs amis pendant leurs vacances)

　　____

---

9 | Choisissez le verbe logique et écrivez sa forme convenable au conditionnel.

> VOIR　**envoyer**　pouvoir　venir　savoir　falloir　devoir　vouloir

1. Naturellement, tu _______________________ à la boum avec Élise.
2. Nous _______________________ des colis à nos correspondants.
3. Je _______________________ faire de l'escalade.
4. Louis et Giselle _______________________ rentrer tôt selon leur mère.
5. Thierry _______________________ les monuments de Rome.
6. M. et Mme Lheureux _______________________ goûter un plat épicé au restaurant martiniquais.
7. Il _______________________ venir chercher Jean-Pierre tout de suite.
8. Nicole et toi, _______________________-vous m'aider dans la cuisine?

10 | Récrivez chaque phrase d'une manière plus polie.

1. Est-ce que je peux régler?

   ____

2. Je veux t'inviter au café.

   ____

3. Il faut téléphoner au dentiste.

   ____

4. Vous devez mettre la table.

   ____

5. Vous voulez prendre la spécialité du jour?

   ____

6. Il faut attendre.

   ____

7. Tu dois faire la vaisselle.

   ____

8. Pouvez-vous faire une réservation?

   ____

POUR TOI

Adverbs

Which word in the following sentence is an adverb, or a word describing the verb?

Tu parles **bien** le français.

Bien describes how you speak, so it is the adverb in this sentence. As you already know, adverbs usually come right after the verbs they describe. However, in the **passé composé** most short, common adverbs (such as **bien, déjà, beaucoup, un peu, souvent, enfin, mal, même, peut-être, toujours** and **trop**) precede the past participle.

Marielle a **souvent** déménagé.   *Marielle has moved often.*

Adverbial expressions of time may come at the beginning or end of a sentence in the **passé composé**.

Ce matin Anne est venue le chercher.   *This morning Anne came and got him.*

Many French adverbs are formed by adding **-ment** to the feminine form of the adjective.

Masculine Adjective	**Feminine Adjective**	**Adverb**
franc	→ franche	→ franchement

Adverbs ending in **-ment** often begin a sentence, but they may follow the past participle in the **passé composé**.

Naturellement, ma mère s'inquiète quand je rentre tard.

Nous avons travaillé **sérieusement** mardi.

Here are some new adverbs to keep in mind while completing the activities that follow.

élégamment = elegantly
généreusement = generously
lentement = slowly
poliment = politely
rapidement = rapidly, fast
simplement = simply

11 D'abord, donnez la forme féminine de l'adjectif. Puis, écrivez l'adverbe.

1. naturel _______________________ _______________________
2. final _______________________ _______________________
3. franc _______________________ _______________________
4. heureux _______________________ _______________________
5. rapide _______________________ _______________________
6. sérieux _______________________ _______________________

12 Récrivez l'histoire de Marie-Louise, une nouvelle résidente de Papeete. Utilisez l'adverbe indiqué.

1. (enfin) J'ai déménagé à Tahiti.

   ____

2. (naturellement) Je n'ai pas d'amis.

   ____

3. (beaucoup) J'aime ma nouvelle école.

   ____

4. (même) Coralie m'a invitée à la cantine.

   ____

5. (bien) Je ne connais pas la cuisine tahitienne.

   ____

6. (quelquefois) Il faut faire un effort.

   ____

7. (ce soir) Coralie va me téléphoner.

   ____

8. (finalement) J'ai une amie!

   ____

13 | Récrivez chaque phrase en ajoutant (*by adding*) l'adverbe indiqué.

Modèle: (enfin) M. Balutin a téléphoné à la réception.
Il a enfin téléphoné à la réception.

1. (souvent) Thomas et moi, nous avons regardé des clips ensemble.

   ____

2. (déjà) J'ai goûté la cuisine martiniquaise.

   ____

3. (bien) Les garçons ont profité des vacances.

   ____

4. (mal) Tu as dormi sur la plage malgache.

   ____

5. (trop) Papa est fatigué parce qu'il a travaillé hier.

   ____

6. (beaucoup) Mes amies ont aimé la comédie.

   ____

7. (toujours) Vous avez bu du thé le matin.

   ____

8. (même) Le touriste a fait la connaissance du roi.

   ____

14 | Répondez à chaque question avec une phrase complète. Choisissez l'adverbe convenable dans la liste suivante.

---

simplement lentement sérieusement poliment

élégamment rapidement franchement

généreusement

---

1. Comment les bons élèves étudient-ils?

   ____

2. Comment est-ce que nous parlons aux gens qui viennent d'autres pays?

   ____

3. Comment le douanier parle-t-il aux passagers?

   ____

4. Comment est-ce que les parents parlent à leurs enfants de la vie?

   ____

5. Comment vous habillez-vous quand vous allez au bal?

   ____

6. Comment est-ce qu'on parle à un enfant?

   ____

7. Comment va le TGV de Paris à Lyon?

   ____

8. Comment est-ce que tu aides tes amis?

   ____

Leçon B

15 Dites dans quel continent les gens suivants vivent.

1. Les Monégasques habitent en _______________________________.

2. Les Canadiens habitent en _______________________________.

3. Les Camerounais habitent en _______________________________.

4. Les Guyanais habitent en _______________________________.

5. Les Chinois habitent en _______________________________.

6. Les Australiens habitent en _______________________________.

16 Décrivez chaque personne en disant de quel continent il ou elle vient. Suivez le modèle.

Modèle: Ang Lee est un metteur en scène *asiatique*.

1. Gong Li est une actrice _______________________.

2. Jacques Chirac est un homme politique _______________________.

3. Bruce Lee est un acteur _______________________.

4. Mia Hamm est une athlète _______________________.

5. Elalongué Epanya Yondo est une femme _______________________.

6. Mel Gibson est un acteur _______________________.

7. Patricia Kaas est une chanteuse _______________________.

8. Nicole Kidman est une actrice _______________________.

9. Stephen King est un écrivain _______________________.

10. Nelson Mandela est un homme politique _______________________.

17 | Complétez chaque dialogue avec l'expression convenable dans la liste suivante.

| à ta place | culture | réussi | possibilité |
| | exotiques | heureusement | gratuit |

1. —On va voir une comédie au Rex?

   —Il y a une autre _____________________. On passe un film d'aventures au Gaumont.

2. —J'ai la grippe.

   —_____________________, je resterais au lit.

3. —C'est combien, s'il vous plaît?

   —Il ne faut pas payer, Monsieur. Le musée est _____________________ le dimanche.

4. —J'ai eu 17 sur 20.

   —Alors, tu as bien _____________________ à l'interro d'histoire!

5. —Qu'est-ce que tu vas faire l'année prochaine?

   —J'aimerais vivre un peu dans la _____________________ européenne.

6. —Tu voyages à Tahiti?

   —Oui. J'adore les pays _____________________.

7. —Il y a du monde dans ce restaurant!

   —_____________________, j'ai fait une réservation.

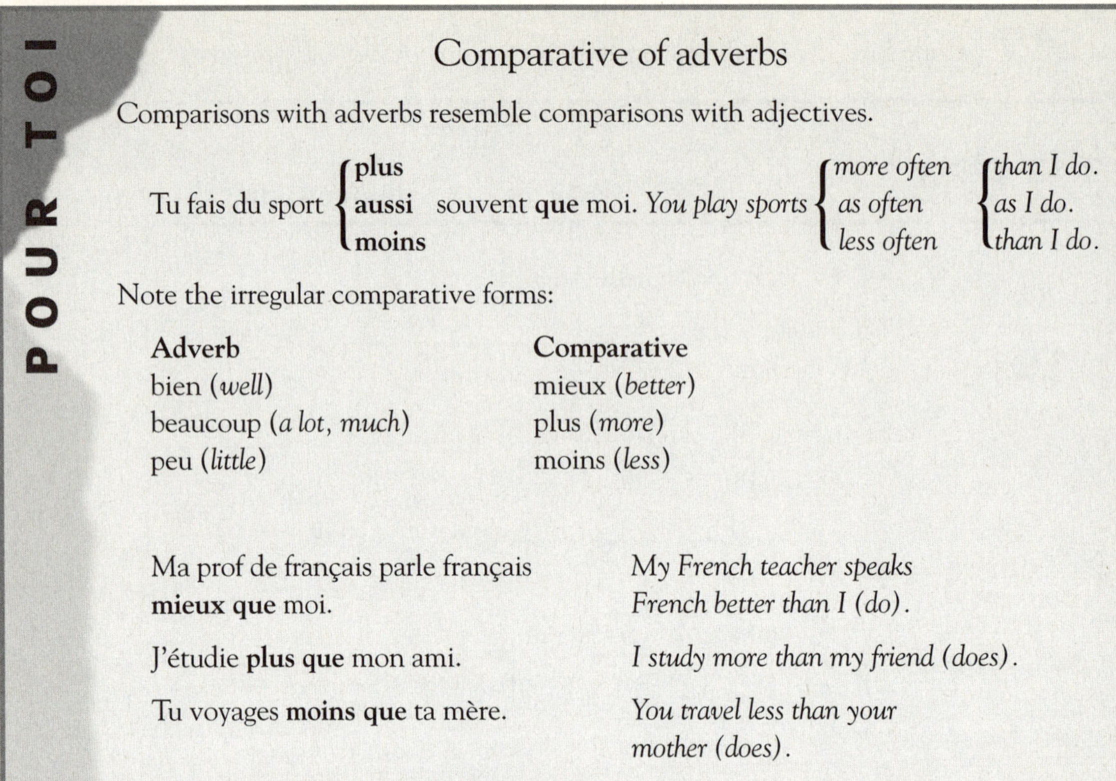

POUR TOI

Comparative of adverbs

Comparisons with adverbs resemble comparisons with adjectives.

Tu fais du sport { plus / aussi / moins } souvent **que** moi. *You play sports { more often / as often / less often } { than I do. / as I do. / than I do. }*

Note the irregular comparative forms:

Adverb	**Comparative**
bien (*well*)	mieux (*better*)
beaucoup (*a lot, much*)	plus (*more*)
peu (*little*)	moins (*less*)

Ma prof de français parle français **mieux que** moi.	*My French teacher speaks French better than I (do).*
J'étudie **plus que** mon ami.	*I study more than my friend (does).*
Tu voyages **moins que** ta mère.	*You travel less than your mother (does).*

---

18 Faites des comparaisons d'après (*according to*) le modèle. Remplacez **+** par **plus**, **=** par **aussi** et **–** par **moins**.

Modèle: Max va souvent au cinéma. (Marlène/+)
           Marlène va plus souvent au cinéma que Max.

1. La voiture va vite au centre commercial. (le bus/–)

   ____

2. Sophie parle franchement de sa vie. (Claudine/=)

   ____

3. André joue sérieusement au tennis. (Albert/+)

   ____

4. Olivier se lève tard. (Delphine/=)

   ____

5. Sandrine va souvent à la piscine. (Robert/–)

   ____

6. Je me couche tôt. (tu/+)

   ____

7. Bertrand danse mal. (nous/=)

   ____

8. Vous courez vite. (je/–)

   ____

---

19 | Complétez les phrases suivantes avec **mieux**, **plus** ou **moins**.

1. Je parle beaucoup en classe, mais mon amie parle _______________________ que moi.

2. Maryvonne se maquille bien, mais sa cousine se maquille _______________________ qu'elle.

3. Mon père mange peu, mais je mange _______________________ que lui.

4. Mon frère étudie peu, mais Jérôme étudie _______________________ que lui.

5. Mes amies achètent beaucoup au centre commercial, mais j'achète _______________________ qu'elles.

6. Tu travailles bien dans la ferme, mais David y travaille _______________________ que toi.

7. Je vis bien, mais mon correspondant vit _______________________ que moi.

8. Nous faisons peu le weekend, mais tu fais _______________________ que nous.

20 | Tiffany est une élève américaine. Martine est une élève française. Comparez Tiffany et Martine en lisant (*by reading*) la grille (*chart*). Puis, complétez les phrases avec la forme comparative appropriée. Utilisez l'adverbe indiqué.

		Tiffany	**Martine**
1.	Comment danses-tu?	comme ci, comme ça	bien
2.	Combien de fois par semaine vas-tu au café?	1	4
3.	Quel sport fais-tu bien?	basket	foot
4.	À quelle heure te couches-tu pendant la semaine?	10h30	11h15
5.	Combien d'heures par semaine parles-tu au téléphone?	5	1.5
6.	Combien de fois par an voyages-tu?	1	2
7.	À quelle heure te réveilles-tu pendant l'année scolaire?	6h15	7h00
8.	Combien de livres lis-tu par an?	3	3

1. (souvent)   Martine va _______________________ au café que Tiffany.

2. (bien)   Tiffany joue _______________________ au basket que Martine.

3. (sérieusement)   Tiffany lit _______________________ que Martine.

4. (tard)   Tiffany se couche _______________________ que Martine.

5. (beaucoup)   Tiffany parle au téléphone _______________________ que Martine.

6. (souvent)   Martine voyage _______________________ que Tiffany.

7. (tôt)   Martine se réveille _______________________ que Tiffany.

8. (bien)   Tiffany danse _______________________ que Martine.

Leçon C

21 | Mettez le nom de la masse d'eau (*body of water*) convenable.

1. _________________________ est entre la France et l'Angleterre.

2. La Martinique est dans _________________________.

3. Marseille est située sur _________________________.

4. Au sud-est de l'Afrique, dans _________________________, il y a une île qui s'appelle Madagascar.

5. À l'ouest de la Californie est _________________________.

6. _________________________ est entre les États-Unis et la France.

7. Au nord de l'Angleterre est _________________________.

22 | Complétez les mots croisés. Les expressions viennent de la Leçon C.

Horizontalement

4. Cette année nous allons passer les vacances au.... J'ai envie de faire de la plongée sous-marine.

8. Le TGV va... entre Paris et Lyon.

10. La côte... de la Manche est célèbre, surtout à Étretat.

Verticalement

1. Ma... favorite? C'est le printemps.

2. J'aime faire des... à la campagne.

3. À 8h00 et à 17h00 il y a trop de... sur les routes.

5. Tu fais du footing? Oui, j'... fais tous les jours.

6. Nice et Cannes sont situées sur la....

7. La Californie est située sur la... ouest des États-Unis.

9. Quand on sort, on va....

POUR TOI

The pronoun en

En replaces an expression with **de** and comes before the verb in sentences that are affirmative, interrogative, negative or have an infinitive.

- **En** replaces a form of **de** plus a noun.

  Tu prends du fromage? — *Are you having some cheese?*
  Oui, j'**en** prends. — *Yes, I'm having some.*

- **En** replaces **de** plus an infinitive.

  Maman a besoin de faire du shopping? — *Mom needs to go shopping?*
  Oui, elle **en** a besoin. — *Yes, she needs to (do it).*

- **En** replaces **de** plus a noun after **assez, beaucoup, combien, (un) peu,** or **trop.**

  Les élèves ont trop de devoirs? — *The students have too much homework?*
  Oui, ils **en** ont trop. — *Yes, they have too much (of it).*

- **En** replaces a noun after a number.

  Marie a des casquettes? — *Marie has some caps?*
  Oui, elle **en** a deux. — *Yes, she has two (of them).*

---

23 Un touriste vous demande de l'aide parce qu'il ne sait pas où trouver certaines choses. Dites-lui où il peut les trouver.

Modèle: J'ai besoin de café.
Vous pouvez en trouver au supermarché.

1. J'ai besoin de pain.

   ____

2. J'ai besoin de pâté.

   ____

3. J'ai besoin de gâteaux.

   ____

4. J'ai besoin d'euros.

   ____

5. J'ai besoin de fromage.

   ____

6. J'ai besoin de timbres.

   ____

7. J'ai besoin de carottes.

____

8. J'ai besoin de poulet.

____

24 | Dites si vous faites les choses suivantes **quelquefois**, **souvent** ou **tous les jours**. Si vous ne faites pas l'activité indiquée, répondez au négatif. Suivez les modèles.

Modèles: Tu fais de l'aérobic?
Oui, j'en fais quelquefois.

Tu prends du saumon?
Non, je n'en prends pas.

1. Tu prends du lait?

____

2. Tu manges du pain perdu?

____

3. Tu fais du footing?

____

4. Tu fais du ski nautique?

____

5. Tu achètes des accessoires?

____

6. Tu fais de la voile?

____

7. Tu prépares des desserts?

____

8. Tu bois de l'eau minérale?

____

25 Répondez affirmativement en disant combien de ces objets chaque personne a. Suivez le modèle.

Modèle:　Tante Béatrice a des sacs à main en cuir? (3)
　　　　　Oui, elle en a trois.

1. Bruno a des raquettes de tennis? (2)

　　____

2. Madeleine et Joséphine ont des CDs de Patricia Kaas? (10)

　　____

3. Tu as des casquettes? (3)

　　____

4. Vous avez des photos de Versailles? (12)

　　____

5. Jean-Marie a un cheval? (1)

　　____

6. J'ai une guitare? (1)

　　____

7. Tu as des poissons rouges? (4)

　　____

8. Élise et Jean ont des timbres américains? (20)

　　____

26 C'est l'anniversaire d'un copain, et on se prépare pour sa boum. Répondez qux questions suivantes en disant si tout le monde a fini ses préparations ou pas. Utilisez le passé composé dans vos phrases complètes.

Modèles: Nous avons acheté des cadeaux? (oui)
Oui, vous en avez acheté.

J'ai pris des verres? (non)
Non, tu n'en as pas pris.

1. Tu as acheté de la glace? (oui)

   ____

2. Sylvie a préparé des gâteaux? (non)

   ____

3. Nous avons écrit des invitations? (oui)

   ____

4. J'ai pris des couteaux et des fourchettes? (non)

   ____

5. Julien et Clarence ont préparé des sandwichs? (oui)

   ____

6. Tu as mis des décorations? (non)

   ____

7. Christophe a acheté de la limonade? (oui)

   ____

8. Solange et Delphine ont choisi des CDs? (non)

   ____

27 Répondez aux questions suivantes en écrivant des phrases complètes avec **en**.

1. Ton père joue-t-il de la guitare?

   ____

2. Combien de cousins as-tu?

   ____

3. Tu fais souvent des promenades en ville?

   ____

4. Vas-tu faire du sport après l'école aujourd'hui?

   ____

5. Ta mère va acheter des fruits frais au marché pour le dîner?

   ____

6. Est-ce que tes amis et toi allez avoir trop de possibilités à l'âge de 18 ans?

   ____

7. As-tu eu envie d'aller au cinéma le weekend dernier?

   ____

8. Est-ce que tu as mangé des spécialités françaises à la cantine?

   ____

Superlative of adverbs

Note that the superlative of adverbs is formed in the same way as the superlative of adjectives.

le　　　+　　　**plus**　　　+　　　adverb

Benjamin court **le plus vite**.　　　*Benjamin runs the fastest.*

The superlative of the following adverbs is formed by placing **le** before the irregular comparative form of the adverb.

Adverb	Comparative	Superlative
bien	mieux	le mieux
beaucoup	plus	le plus
peu	moins	le moins

Je mange **le moins**.　　　*I eat the least.*

28 | Écrivez une phrase en mettant les mots dans l'ordre correct. Suivez le modèle.

Modèle:　　le/qui/est/Bernard Clavel/l'écrivain/écrit/plus
　　　　　Bernard Clavel est l'écrivain qui écrit le plus.

1. plus/court/est/Marie-José Pérec/l'athlète/qui/le/vite

   ____

2. le/l'homme politique/parle/est/Jean-Marie Le Pen/qui/fort (*loudly*)/plus

   ____

3. le/Janet Jackson/qui/est/la chanteuse/danse/mieux

   ____

4. le chauffeur de taxi/M. Ahmed/qui/va/est/vite/plus/le

   ____

5. mieux/qui/Isabelle Adjani/l'actrice/joue (*acts*)/est/le

   ____

6. Mlle Maurin/travaille/le/le pompier/est/qui/plus/sérieusement

   ____

7. va/loin/le/M. Chesnot/le pilote/est/qui/plus

   ____

8. moins/l'oiseau/mange/l'animal/qui/est/le

   ____

29 Un élève français vous écrit pour savoir vos opinions sur la culture américaine. Répondez honnêtement (*honestly*) à ses questions.

1. Quel homme politique travaille le plus sérieusement?

   ____

2. Quel chanteur danse le mieux?

   ____

3. Quelles émissions réussissent le moins à la télé?

   ____

4. Quel acteur joue le plus mal?

   ____

5. Quelles actrices s'habillent le plus élégamment (*elegantly*)?

   ____

6. Quels athlètes jouent le mieux au basket?

   ____

7. Quel écrivain écrit le plus intelligemment (*intelligently*)?

   ____

8. Quelle vedette (*star*) parle le plus franchement de sa vie?

   ____

Unité 11 La France contemporaine

Leçon A

1 | Trouvez les noms de 10 problèmes contemporains en France.

2 | Complétez les mots croisés. Les mots viennent de la Leçon A.

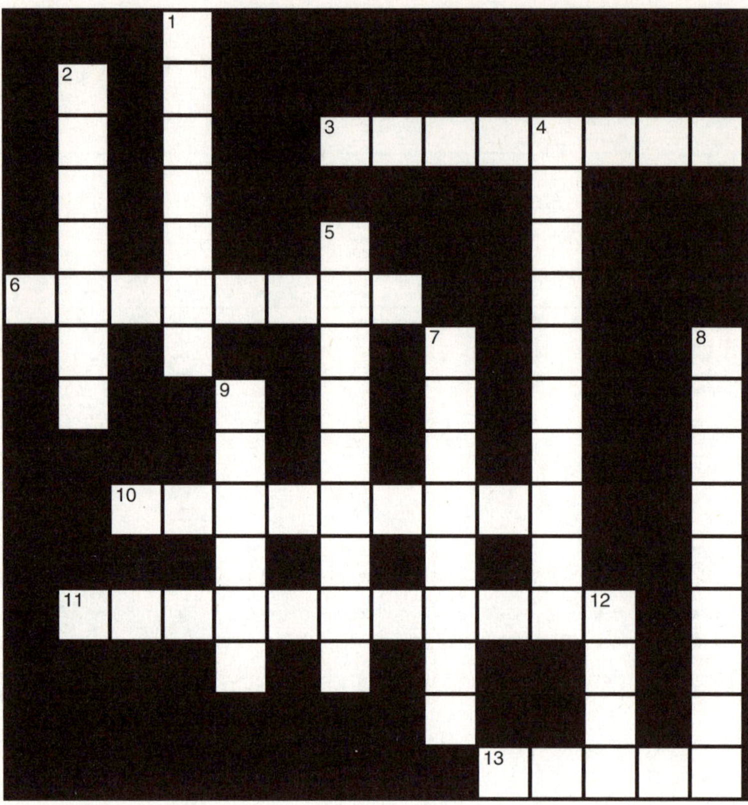

Horizontalement

3. On peut... les boîtes et les bouteilles en verre pour préserver l'environnement.

6. Pour... un problème, je parle avec mes parents.

10. Parce que je suis optimiste, j'espère voir des changements... dans la société.

11. Le premier janvier on pense aux... qu'on peut faire dans sa vie.

13. Quand une maladie est..., la personne doit prendre rendez-vous avec son médecin.

Verticalement

1. Vous voulez mon...? À mon avis, les terroristes ne sont pas courageux.

2. Notre prof a fait une... sur nos préférences.

4. Les agents de police... la circulation en ville.

5. Pour... les fruits, on les met en boîtes.

7. C'est un... quand on perd ses devoirs.

8. Le reporter pose des questions sur l'... en France.

9. Les élèves qui... en classe ne réussissent pas aux interros.

12. La maladie la plus grave aujourd'hui est le....

3 | Répondez aux questions suivantes avec des phrases complètes.

1. Quel est le problème le plus grave dans ta ville?

     ____

2. Y a-t-il de la pollution dans ta ville?

     ____

3. Est-ce que tu es pour ou contre (*against*) l'énergie nucléaire?

     ____

4. Y a-t-il beaucoup de chômage dans ton état?

     ____

5. Est-ce que ta famille recycle? Si oui, qu'est-ce que vous recyclez?

     ____

6. Comment peut-on préserver l'environnement?

     ____

7. As-tu aidé des sans-abri ou des gens qui avaient faim? Si oui, qu'est-ce que tu as fait pour eux?

     ____

8. Quel problème est le plus grave dans ton école?

     ____

Verbs + infinitives

Some French verbs are followed by **à**, some by **de (d')** and some are followed directly by an infinitive.

Tu aides maman **à** faire le ménage.	*You help Mom do the housework.*
Nous avons décidé **d'**aller en ville.	*We decided to go downtown.*
J'aime skier.	*I like to ski.*

These verbs are followed by **à** before an infinitive.

aider	continuer
s'amuser	inviter
apprendre	réussir
commencer	

These verbs are followed by **de** before an infinitive.

arrêter	dire
choisir	finir
décider	offrir
demander	rêver
se dépêcher	

These are some of the verbs that do not take a preposition before an infinitive.

aimer	falloir	savoir
aller	pouvoir	sembler
désirer	préférer	venir
devoir	regarder	vouloir
espérer		

---

4 | Dites ce qu'on apprend à chaque endroit (*place*). Choisissez le verbe convenable dans la liste. Suivez le modèle.

envoyer des e-mails	**nager**	faire de la voile	*préparer des plats*
parler français	*réussir au bac*	SKIER	*jouer au foot* · danser

Modèle: Nous allons au Studio Arthur Murray.
   Nous apprenons à danser.

1. Tu vas à la plage.

   ____

2. David va à l'école d'informatique.

   ____

3. Nous allons à l'Alliance Française.

   ____

4. Je vais à la piscine.

____

5. Vous allez à l'école.

____

6. Virginie et Odile vont à la montagne.

____

7. Anne-Marie va à la cuisine.

____

8. Simon et Xavier vont au stade.

____

5 Françoise est très populaire. Dites que tout le monde l'invite à faire certaines activités. Suivez le modèle.

Modèle: je/jouer au basket
Je l'invite à jouer au basket.

1. Marc/prendre un coca au café

____

2. Diane et Sabine/venir à la boum

____

3. nous/assister au concert de rock

____

4. tu/faire une promenade en bateau

____

5. je/visiter le musée

____

6. Alexandre et Bernard/faire une promenade dans le parc

____

7. Marielle/aller en ville

____

8. vous/passer les vacances sur la côte d'Azur

____

6 M. et Mme Evenou partent en vacances. Expliquez (*explain*) ce qu'ils disent à leurs enfants de faire.

Modèle: faire sécher le linge
Ils disent à leurs enfants de faire sécher le linge.

1. nourrir le chat deux fois par jour

    ____

2. enlever la poussière dans le salon

    ____

3. faire la vaisselle chaque jour

    ____

4. recycler les boîtes et les bouteilles

    ____

5. faire les devoirs tous les soirs

    ____

6. passer l'aspirateur

    ____

7. faire la lessive

    ____

8. arroser les plantes et les fleurs

    ____

Grammar and Vocabulary Exercises   ©EMC

7 Dites où tout le monde a décidé de passer les vacances. Puis, dites ce que ces personnes vont faire à leur destination. Suivez le modèle.

---

prendre du soleil

faire du ski nautique sur le lac Léman

visiter la cathédrale

visiter les châteaux de la Loire

parier au casino

voir les tableaux au Louvre

assister au Festival International du Film

admirer la côte rocheuse de la Manche

faire une promenade en bateau au château d'If

Modèle: Tu/Marseille
Tu as décidé d'aller à Marseille. Tu vas faire une promenade en bateau au château d'If.

1. je/Cannes

   ____

   ____

2. Daniel/Chartres

   ____

   ____

3. tu/Paris

   ____

   ____

4. vous/Étretat

   ____

   ____

5. M. et Mme Vercambre/Tahiti

   ____

   ____

6. nous/Blois

____

____

7. Marie-Alix/Monte-Carlo

____

____

8. les filles/Genève

____

____

8 | Selon la description de la personne, décidez si elle fait ce qui est indiqué entre parenthèses. Suivez les modèles.

Modèles: Jacqueline a faim. (finir/manger son sandwich)
Elle finit de manger son sandwich.

Bernard ne connaît personne à l'école. (inviter ses camarades de classe/venir chez lui)
Il n'invite pas ses camarades de classe à venir chez lui.

1. Patrick est généreux. (aider ses amis/faire leurs corvées)

____

2. L'enfant ne collectionne pas les boîtes et les bouteilles. (apprendre/recycler)

____

3. Marie-France est paresseuse. (décider/faire ses devoirs)

____

4. Martin est courageux. (rêver/devenir pompier)

____

5. Chloé parle tout le temps. (arrêter/téléphoner)

____

6. Damien a besoin d'argent. (commencer/travailler)

____

7. Karine n'a pas d'argent. (s'amuser/faire du shopping)

____

8. Serge est en retard. (se dépêcher/aller au travail)

____

9 Le médecin donne des conseils (*advice*) à Mme LeGros qui n'est pas en bonne santé. Répétez ses conseils en écrivant une phrase qui utilise le verbe indiqué. Suivez le modèle.

Modèle: Prenez des légumes frais! (commencer)
Commencez à prendre des légumes frais!

1. Nagez! (apprendre)

____

2. Faites de l'aérobic! (décider)

____

3. Ne buvez pas de café! (arrêter)

____

4. Mangez du poulet et du poisson! (commencer)

____

5. Buvez huit verres d'eau par jour! (continuer)

____

6. Faites des promenades! (inviter vos amies)

____

7. Mangez moins de desserts! (rêver)

____

8. Faites des jus de fruit frais! (s'amuser)

____

10 Écrivez des phrases avec les expressions indiquées. Mettez **à**, **de**, **d'** ou rien devant l'infinitif.

1. je/réussir/résoudre mon problème

____

2. nous/finir/faire une enquête

____

3. nos/vouloir/aider les sans-abri

____

4. l'infirmière/continuer/aider les gens qui ont le SIDA

____

Grammar and Vocabulary Exercises

5. on/demander/arrêter la pollution

    ____

6. ce pays/aller/contrôler l'énergie nucléaire

    ____

7. vous/rêver/voir un changement favorable dans la vie des gens qui ont faim

    ____

8. tu/commencer/recycler les journaux

    ____

9. tout le monde/devoir/préserver l'environnement

    ____

11 | Complétez chaque phrase avec **à**, **de**, **d'** ou **X** (rien).

1. As-tu appris ____________ utiliser un ordinateur?
2. Coralie va ____________ passer les vacances à Étretat.
3. Est-ce que tu as décidé ____________ aller à l'université après l'école secondaire?
4. Nous avons réussi ____________ faire de la planche à voile.
5. J'ai offert ____________ donner des sandwichs aux sans-abri.
6. Georges et Albert s'amusent ____________ écouter leurs nouveaux CDs.
7. Vous savez ____________ faire de la plongée sous-marine.
8. Étienne demande ____________ rentrer avant minuit.
9. Il faut ____________ écouter les problèmes des autres.

Leçon B

12   Complétez les mots croisés. Les expressions viennent de la Leçon B.

Horizontalement

3. Il faut s'arrêter au....

4. Une voiture ne peut pas entrer dans un....

5. Quand un conducteur dépasse la..., la police l'arrête.

10. Jacques aime les voitures qui vont vite; donc, il a choisi une....

Verticalement

1. Un bon conducteur... doucement.

2. On va trop vite quand on... la limite de vitesse.

6. Mme Mauclair est...; elle travaille pour une auto-école.

7. Pour... une voiture, il faut avoir une clé (*key*).

8. Pour doubler une autre voiture, il faut changer de....

9. Dans une voiture il faut mettre sa ceinture de....

---

13 | Complétez chaque dialogue avec l'expression convenable dans la liste suivante.

> *doubler*   minivan   *camion*   le feu orange
>
> **un permis de conduire**   **la décapotable**

1. —Les enfants, on va au camping ce weekend!

    —Papa, tu vas conduire notre nouveau ______________________?

2. —Comme il fait beau aujourd'hui!

    —Prenons ______________________ à la campagne!

3. —Quand est-ce que les Français commencent à conduire?

    —En France on peut obtenir ______________________ à l'âge de 18 ans.

4. —Attention, Didier! La voiture devant nous ne va pas assez vite.

    —Pas de problème. Je vais la ______________________.

5. —Pourquoi t'arrêtes-tu?

    —N'as-tu pas vu ______________________?

6. —Où va ce grand ______________________, maman?

    —Il transporte la nourriture au supermarché, chéri.

P O U R   T O I

Present tense of the irregular verb **conduire**

Do you remember the forms of the verb **conduire** (*to drive*)?

je	conduis	nous	conduisons
tu	conduis	vous	conduisez
il/elle/on	conduit	ils/elles	conduisent

The irregular past participle of **conduire** is **conduit**.

J'ai **conduit** ma décapotable.   *I drove my convertible.*

---

14 | Mettez la forme convenable de **conduire** dans le blanc.

1. Nous _________________________ une voiture de sport rouge.

2. Est-ce que tu _________________________ une Twingo?

3. M. Bierry _________________________ un minivan bleu.

4. M. et Mme Guillon _________________________ une vieille voiture américaine.

5. L'actrice _________________________ une décapotable jaune.

6. Je _________________________ une voiture japonaise.

7. Vous _________________________ une Renault Clio.

8. Les filles _________________________ une voiture de sport italienne.

---

15 | Dites si tout le monde conduit **en ville** ou **à la campagne**. Suivez les modèles.

Modèles: On va au stade.
On conduit en ville.

Les garçons vont à la montagne.
Ils conduisent à la campagne.

1. Hélène va à la poste.

____

2. Nous allons à l'auto-école.

____

3. Je vais au camping.

____

4. Richard va au supermarché.

   ____

5. Tu vas au bord de la mer.

   ____

6. Vous allez à la ferme.

   ____

7. Les jeunes gens vont à Macdo.

   ____

8. Denise et Claudine vont au centre commercial.

   ____

16 | Écrivez la forme convenable de **conduire** au passé composé.

1. J'_______________________ à la banque.
2. Nous _______________________ au bord de la mer.
3. _______________________-vous _______________________ au travail?
4. Est-ce que tu _______________________ au cinéma?
5. Les garçons _______________________ mal _______________________.
6. Annie _______________________ à la côte.
7. Fred _______________________ à la mairie.
8. Jeanne et Élisabeth _______________________ à l'auto-école.

17 | Récrivez chaque phrase au passé composé.

1. François conduit la voiture de sa mère.

   ____

2. Je conduis mal.

   ____

3. M. et Mme Bayard conduisent une nouvelle voiture.

   ____

4. Agnès conduit un minivan vert.

   ____

5. Tu conduis une décapotable noire.

   ____

6. M. Noiret conduit un grand camion.

   ____

7. Nous conduisons avec une monitrice.

   ____

8. Vous conduisez bien.

   ____

Present tense of the irregular verb **suivre**

Do you remember the forms of the verb **suivre** (*to follow*)?

je	suis	nous	suivons
tu	suis	vous	suivez
il/elle/on	suit	ils/elles	suivent

Nous **suivons** un cours de français.   *We are taking a French class.*

The irregular past participle of **suivre** is **suivi**.

N'as-tu pas **suivi** le camion?   *Didn't you follow the truck?*

POUR TOI

---

18 | Dites quel cours tout le monde suit. Suivez le modèle.

Modèle: Tu apprends à jouer du piano.
              Tu suis un cours de musique.

1. Vous apprenez les dates importantes.

   ____

2. J'apprends les idées de Socrates et Plato.

   ____

3. David apprend à diviser et multiplier.

   ____

4. Tu apprends à identifier les capitales.

   ____

5. Nous apprenons à envoyer des e-mails.

   ____

6. Hervé et Isabelle apprennent à identifier les plantes et les animaux.

   ____

7. Marguerite apprend à parler anglais.

   ____

8. Thomas et Jérémy apprennent à jouer des rôles.

   ____

---

19 | Écrivez la forme convenable de **suivre** au passé composé.

1. Vous _______________________ un cours de journalisme.

2. M. Blier _______________________-t-il _______________________ les conseils
   de son médecin?

3. J'_______________________ mes camarades de classe dans le couloir.

4. La conductrice _______________________ une voiture allemande.

5. Marie-France et Diane _______________________ le vélo.

6. Tu _______________________ quelqu'un dans la rue.

7. Nous _______________________ les Champs-Élysées pour arriver à l'arc de triomphe.

8. Les filles _______________________-elles _______________________ le beau
   garçon à la plage?

Leçon C

20 Trouvez les noms de huit choses ou personnes qu'on peut trouver dans une station-service.

21 Complétez chaque dialogue avec l'expression convenable dans la liste suivante.

> **consomme**   *presque*   *tombé en panne*   *faites le plein*
> **roule**   *plomb*   *une station-service*

1. —Cette voiture a dix ans et elle ________________________ encore.

   —Papa, je pourrais la conduire en ville cet après-midi?

2. —On y va?

   —Une minute. J'ai ________________________ fini mes devoirs.

3. —C'est la station-service Leblanc? Je suis ________________________.

   —On vient vous chercher tout de suite, Monsieur. Où êtes-vous?

4. —Il nous faut de l'essence.

   —Regarde! Il y a ________________________ à côté du supermarché.

5. —Super ou ordinaire, Mademoiselle?

   —Ordinaire, sans ________________________, s'il vous plaît.

6. —Cette voiture de sport ________________________ trop d'essence.

   —C'est vrai. Je vais l'échanger contre (*for*) une Twingo.

7. —Vous désirez, Monsieur?

   —________________________ et vérifiez l'huile, s'il vous plaît.

22 Complétez les mots croisés. Les expressions viennent de la Leçon C.

Horizontalement

4. Les voitures de sport... beaucoup d'essence.

6. Le... peut vérifier l'huile et l'eau.

8. Les lunettes de soleil sont un accessoire... en été.

10. Chaque voiture a quatre..., mais un vélo en a deux.

11. On va à une station-service quand on a besoin d'....

Verticalement

1. J'ouvre le... pour ajouter (*add*) de l'huile.

2. Tous les 3.000 miles on devrait changer l'... dans sa voiture.

3. L'essence la plus populaire est..., sans plomb.

5. On... quand on n'a plus d'essence.

6. La pompiste nettoie le....

7. Marie est... prête. Elle doit se maquiller avant de partir.

9. Les Thibault... à 130 kilomètres à l'heure.

Conditional tense in sentences with **si**

Use the conditional tense after **si** and the imperfect tense to tell what would happen *if* something else happened.

si	+	imperfect	conditional

Si j'étais riche, **j'achèterais** une voiture de sport italienne.

If I were rich, I'd buy an Italian sports car.

Note that this pattern can be reversed and the conditional can begin the sentence.

La pompiste **nettoierait** le pare-brise si vous le lui **demandiez**.

The gas station attendant would clean the windshield if you asked him to.

---

23 | Dites ce que vous et vos amis feriez si vous gagniez (*won*) à la loterie. Suivez le modèle.

Modèle:　Raoul/acheter une nouvelle voiture
Si Raoul gagnait à la loterie, il achèterait une nouvelle voiture.

1. tu/vivre en Floride

   ____

2. nous/manger dans un restaurant français

   ____

3. Chantal/acheter une décapotable

   ____

4. Luc et Jean-Claude/aller à Disneyland Paris

   ____

5. vous/partir pour l'Afrique

   ____

6. je/donner de l'argent aux sans-abri

   ____

7. Olivier/passer un mois à Tahiti

   ____

8. Suzanne et Magali/voir les États-Unis

   ____

24

Mettez la forme convenable de l'imparfait ou du conditionnel dans le blanc pour dire quelle langue (*language*) on parlerait si on voyageait à un certain pays. Suivez le modèle.

Modèle: Mlle Bernicat *parlerait* français si elle *voyageait* en Suisse.

1. Si tu _________________________ au Mexique, tu _________________________ espagnol.

2. Nous _________________________ français si nous _________________________ en Guyane française.

3. M. Vartet _________________________ allemand s'il _________________________ en Allemagne.

4. Si je _________________________ en Italie, je _________________________ italien.

5. Danièle et Julie _________________________ japonais si elles _________________________ au Japon.

6. Si vous _________________________ en Chine, vous _________________________ chinois.

25

Jouez le rôle de Martine en disant ce qu'elle ferait dans chaque situation. Suivez le modèle.

Modèle: aller en France/rester dans une auberge de jeunesse
Si j'allais en France, je resterais dans une auberge de jeunesse.

1. être riche/acheter un château

   ____

2. aller au cinéma/voir un film d'épouvante

   ____

3. avoir faim/manger du saumon à la sauce hollandaise

   ____

4. avoir soif/boire du jus de raisin

   ____

5. tomber en panne/téléphoner à une station-service

   ____

6. recevoir un billet d'avion gratuit/aller au Québec

   ____

7. conduire/être une bonne conductrice

____

8. faire du sport/jouer au basket

____

26 | Dites ce que vous et vos amis feriez si vous choisissiez les professions ou métiers suivants. Suivez le modèle.

Modèle: je/musicien(ne)/faire un nouveau CD tous les ans
                Si j'étais musicien, je ferais un nouveau CD tous les ans.

1. Marcel/pilote/voyager en Asie

____

2. nous/ouvriers/travailler avec nos mains

____

3. je/pompiste/vérifier l'huile

____

4. tu/maire (_mayor_)/aider les sans-abri

____

5. Nathalie et Véro/chefs/préparer des plats superbes

____

6. Mlle Lentini/secrétaire/prendre des messages

____

7. vous/athlète/faire de la gym

____

8. les garçons/écrivains/écrire des romans

____

27   Supposez que les personnes suivantes pouvaient faire certaines choses. Que feraient-ils? Suivez le modèle.

Modèle: mon amie/téléphoner à Tim
Si mon amie téléphonais à Tim, elle l'inviterait à sortir.

1. tu/visiter un pays européen

   ____

2. mes amis/faire un nouveau sport

   ____

3. mon père/déjeuner dans un bon restaurant

   ____

4. mon frère/acheter une nouvelle voiture

   ____

5. je/faire la connaissance d'une personne célèbre

   ____

6. nous/suivre un cours d'allemand

   ____

7. mes amies/aller à l'université

   ____

8. vous/passer les vacances au bord de la mer

   ____

Answers

Unité 1

Leçon A

1 1. nous   2. Il   3. Tu   4. vous
   5. je   6. Ils   7. Tu   8. Elles

2 1. écoute
   2. mangeons
   3. travaillent
   4. regardez
   5. arrive
   6. présente
   7. danses
   8. décide

3 1. grossissent
   2. remplissons
   3. choisis
   4. maigris
   5. obéit
   6. punit
   7. réussissez
   8. finissent

4 1. vend
   2. répondent
   3. attends
   4. entends
   5. descend
   6. perdons
   7. rendez
   8. vends

5 adore, skions, porte, achètent, grossis, vendent, finissent, rentrons, attends, désire, téléphones

6 1. ses   2. votre   3. leurs   4. son
   5. ton   6. notre   7. ma   8. leur

7 1. à une heure et demie, à une heure trente
   2. à six heures vingt
   3. à trois heures cinquante, à quatre heures moins dix
   4. à dix heures
   5. à cinq heures cinquante-cinq, à six heures moins cinq
   6. à onze heures et quart, à onze heures quinze
   7. à quatre heures quarante-cinq, à cinq heures moins le quart
   8. à midi

8 1. le vingt-huit février
   2. le premier mars
   3. le dix-neuf avril
   4. le seize mai
   5. le vingt-cinq juin
   6. le quatre août
   7. le treize octobre
   8. le vingt et un décembre

9 1. Heather arrive le neuf janvier à deux heures vingt-deux de l'après-midi.
   2. Juan arrive le dix-sept mars à onze heures cinq du soir.
   3. Isabella arrive le vingt-six mai à huit heures quarante du matin… à neuf heures moins vingt du matin.
   4. Bengt arrive le quinze juin à dix heures cinquante-cinq du matin… à onze heures moins cinq du matin.
   5. Gong arrive le trois juillet à une heure quarante-cinq de l'après-midi… à deux heures moins le quart de l'après-midi.
   6. Anneke arrive le vingt-quatre août à trois heures et quart de l'après-midi… à trois heures quinze de l'après-midi.
   7. Hatsuo arrive le deux septembre à huit heures et demie du soir… à huit heures trente du soir.
   8. Dusan arrive le vingt-sept novembre à dix heures cinquante-deux du soir… à onze heures moins huit du soir.

Leçon B

10
1. allons
2. va
3. vont
4. vont
5. allez
6. va
7. vais
8. vas

11
1. Lamine est à la pâtisserie.
2. David et moi, nous sommes à la bibliothèque.
3. Mes amis sont au centre commercial.
4. Toi, tu es à la plage.
5. Je suis dans la cuisine.
6. Mahmoud est à la charcuterie.
7. Caroline et toi, vous êtes au musée.
8. Les amies de Karine sont en boîte.

12
1. êtes, allez
2. sont, vont
3. suis, vais
4. est, va
5. es, vas
6. sommes, allons
7. est, va
8. sont, vont

13
1. Mme Touret revient des Champs-Élysées.
2. Mon prof de français revient du Centre Pompidou.
3. Laurent revient de l'avenue de l'Opéra.
4. Ariane revient de la Défense.
5. M. Vassy revient des Invalides.
6. Sandrine revient du Drugstore.
7. Le beau-père de Théo revient de la tour Eiffel.
8. Zohra revient des Tuileries.

14
1. Vincent va à la piscine.
2. Ma tante va au musée d'art.
3. Nadia va aux boutiques.
4. La mère d'Abdoul va aux concerts.
5. Jamila va au cabinet du vétérinaire.
6. Patricia va à l'école.

15
1. timide
2. diligentes
3. généreuse
4. bêtes
5. intelligents
6. bavarde
7. méchantes
8. égoïste

16
1. Yasmine et Laïla sont tunisiennes.
2. Juan et Guillermo sont mexicains.
3. Loan est vietnamienne.
4. Julien est français.
5. Heidi et Steffi sont allemandes.
6. Camilla est anglaise.
7. Carlos est italien.
8. Pablo et Rafael sont espagnols.

17
1. Le cuisinier prépare une bonne salade fraîche.
2. Sophie et Fatima portent de jolies jupes courtes.
3. Abdou et Nicolas sont de mauvais élèves bavards.
4. M. Jestin achète une petite voiture japonaise.
5. Les Caraty habitent dans une grande maison grise.
6. David a un vieil ordinateur américain.
7. M. Arnaud et son fils ont besoin de nouveaux costumes noirs.
8. Anne-Marie et Christine ont de belles chambres blanches.

18 1. Clémence ne va pas sortir avec Mohamed aujourd'hui, mais elle va sortir avec Mohamed demain.

2. Marc et Alain ne vont pas faire du roller aujourd'hui, mais ils vont faire du roller demain.

3. Tu ne vas pas préparer une pizza aujourd'hui, mais tu vas préparer une pizza demain.

4. Charles et toi, vous n'allez pas manger de la pizza aujourd'hui, mais vous allez manger de la pizza demain.

5. Anne et moi, nous n'allons pas acheter un nouvel ensemble aujourd'hui, mais nous allons acheter un nouvel ensemble demain.

6. Je ne vais pas porter un nouveau pantalon aujourd'hui, mais je vais porter un nouveau pantalon demain.

7. Amine ne va pas jouer aux jeux vidéo aujourd'hui, mais il va jouer aux jeux vidéo demain.

8. Delphine et Renée ne vont pas prendre rendez-vous avec Docteur Renard aujourd'hui, mais elles vont prendre rendez-vous avec Docteur Renard demain.

19 Answers will vary.

Leçon C

20 1. a 2. avons 3. ai 4. as
5. ont 6. avez 7. a 8. ont

21 1. Moi aussi, je fais du vélo en automne.

2. Ses amis aussi, ils font du sport au stade.

3. Toi aussi, tu fais du 40.

4. Nous aussi, nous faisons du shopping au centre commercial.

5. Cécile aussi, elle fait ses devoirs à la bibliothèque.

6. Vous aussi, vous faites du footing à l'école.

22 1. ai 2. fais 3. avez 4. faisons
5. a 6. font

23 1. Comment est-ce que tu nages?

2. Pourquoi est-ce que Jean-François va à la librairie?

3. À quelle heure est-ce vous allez au cinéma?

4. À qui est-ce que Bruno téléphone?

5. Où est-ce que tu vas?

6. Avec qui est-ce que Véro va au tabac?

7. Quand est-ce que vous faites du sport?

24 1. Olivier et Zakia font-ils toujours leurs devoirs?

2. Ariane parle-t-elle toujours à Jérémy?

3. Édouard et Khaled travaillent-ils toujours au supermarché?

4. Nicole étudie-t-elle toujours?

5. Sylvie et Isabelle écoutent-elles toujours leurs CDs?

6. Max regarde-t-il toujours un film?

7. Myriam cherche-t-elle toujours son chat?

8. Aïcha et Zohra jouent-elles toujours au tennis?

25 1. Arabéa n'a pas de cheval.

2. Mamadou et Alain ne prennent rien.

3. Tu ne nages jamais.

4. Nous n'invitons personne.

5. Je ne fais plus mes devoirs.

6. Vous ne venez pas à la boum.

26 1. Non, Robert n'a pas de poisson rouge.

2. Non, Assia n'achète pas d'anorak.

3. Non, Daniel ne porte pas de baskets.

4. Non, Damien ne trouve pas de stylo dans son sac à dos.

5. Non, Françoise n'écoute pas de CDs espagnols.

6. Non, Jean ne mange pas d'omelette.

Unité 2

Leçon A

1 1. D 2. F 3. C 4. H 5. B 6. G 7. A 8. E

2
1. pauvres
2. aimable
3. âgée
4. difficiles
5. minces
6. facile
7. riches
8. jeune
9. grands
10. heureuse
11. triste
12. pénible

3

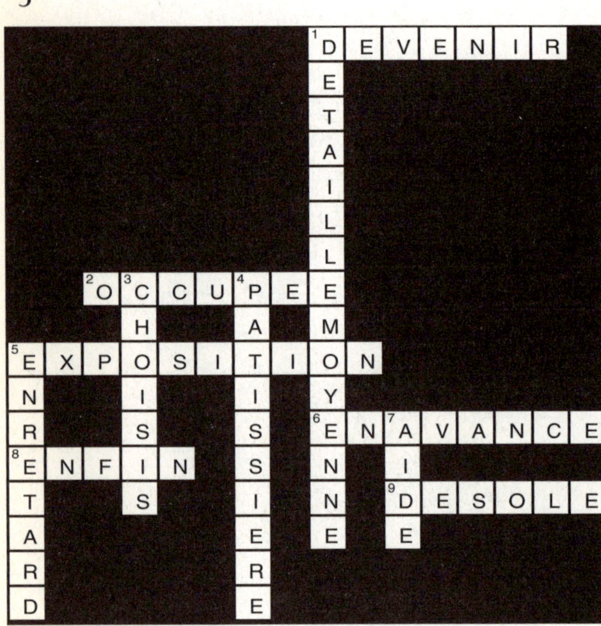

4
1. Sabrina et toi, vous venez.
2. Mon ami Paul ne vient pas.
3. Je ne viens pas.
4. Élise et Marie-Claire viennent.
5. Tu viens.
6. Valérie et moi, nous ne venons pas.
7. La prof vient.
8. Mes parents ne viennent pas.

5
1. Madeleine devient charcutière.
2. Je deviens fleuriste.
3. Daniel et Bruno deviennent bouchers.
4. Tu deviens cuisinier.
5. Serge devient caissier.
6. Vous devenez boulangères.
7. Nous devenons coiffeurs.
8. Magali et Béatrice deviennent pâtissières.

6
1. Je viens de visiter le Panthéon.
2. Ahmed vient de marcher dans le Quartier latin.
3. Sonia et Manu viennent de voir l'exposition au Grand Palais.
4. Tu viens de perdre ton plan du metro.
5. Caro et moi, nous venons de monter dans la tour Eiffel.
6. Vous venez de faire un tour en bateau sur la Seine.
7. Antonine vient de prendre une photo du *Penseur*.
8. Fatima et Gilberte viennent de manger une glace au Drugstore.

7
1. Hier elle a gardé les enfants de sa tante.
2. Hier nous avons joué au basket.
3. Hier elles ont téléphoné.
4. Hier tu as voyagé.
5. Hier il a aidé sa mere dans la cuisine.
6. Hier j'ai cherché de nouveaux CDs.
7. Hier vous avez dansé.
8. Hier ils ont porté des baskets.

8
1. avons choisi
2. ai choisi
3. a choisi
4. as choisi
5. a choisi
6. avez choisi
7. a choisi
8. ont choisi

9
1. J'ai attendu mon prof.
2. Abdou a attendu son oncle.
3. Nadine et toi, vous avez attendu les élèves.
4. Tu as attendu Margarette.
5. Christine a attendu sa grand-mère.
6. On a attendu le serveur.
7. Khaled et Marie ont attendu leurs amis.
8. Nous avons attendu Éric.

10 Answers will vary.

Leçon B

11 Possible answers:
1. calme
2. célèbres
3. laide
4. favoris
5. forte
6. vives
7. dynamiques
8. intéressante
9. faibles

12

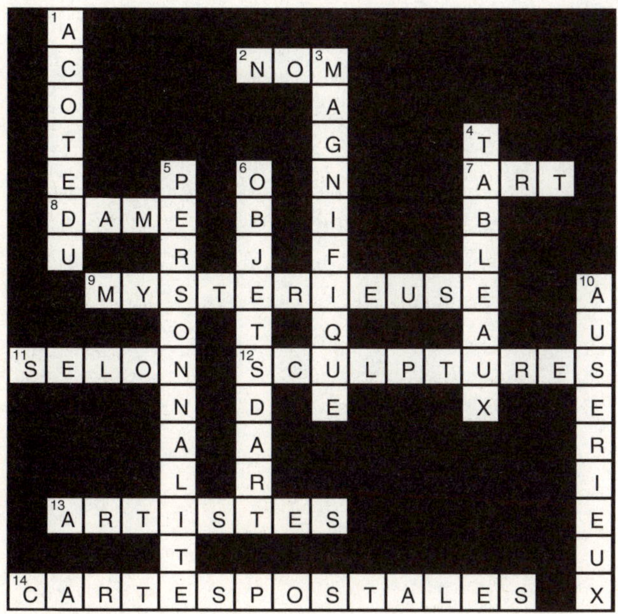

13
1. Les filles mettent des robes longues pour aller au bal.
2. Maman met la voiture dans le garage.
3. Vous mettez un maillot de bain pour nager.
4. Tu mets les assiettes sur la table.
5. Nous mettons des bottes, un anorak et un pantalon pour skier.
6. Je mets des couleurs vives dans mon tableau.
7. On met le lait dans le frigo.
8. Les garçons mettent un tee-shirt, un short et des tennis quand ils jouent au foot.

14
1. Tu prends une salade de tomates.
2. Les filles prennent des desserts.
3. Je prends un steak-frites.
4. Les Américains prennent un coca.
5. M. Hatari prend un sandwich au fromage.
6. La prof de français prend une crêpe.
7. Nous prenons un jus de pomme.
8. Vous prenez une omelette.

15
1. Nous voyons le Centre Pompidou.
2. Tu vois le musée d'Orsay.
3. Les garçons voient le tombeau de Jim Morrison.
4. Madame Connell voit Notre-Dame.
5. Je vois le Louvre.
6. Brad voit les jardins des Tuileries.
7. Vous voyez la petite statue de la Liberté.
8. Les filles voient les Champs-Élysées.

16

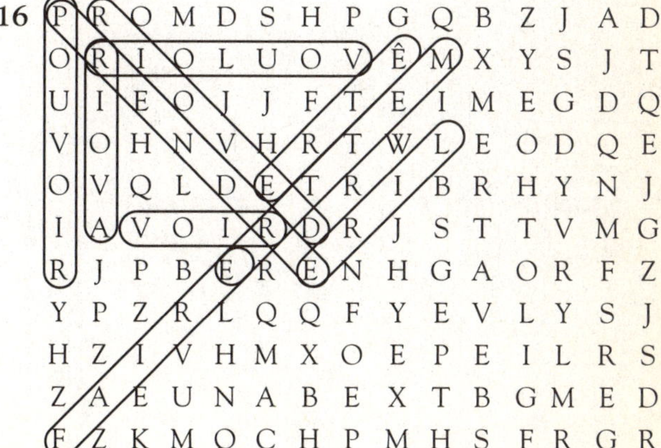

17 1. as, été

   ai eu

2. avez pris

   avons été

3. a vu

   a voulu

4. ont, pu

   ont mis

5. a fait

   a lu

6. avons dû

   avez mis

18 1. Comme boisson j'ai pris une limonade.
2. Luc n'a pas vu d'objets d'art au musée.
3. Maman a mis la boîte de carottes dans le placard.
4. Tu as lu un livre d'art.
5. Nous avons fait un tour en bateau sur la Seine.
6. Les dames ont voulu faire les magasins.
7. Vous avez été fatigués.
8. Les élèves n'ont pas dû acheter des billets.
9. J'ai eu mal à la tête.
10. Tu n'as pas pu faire du footing.

19 1. Cet
2. cette
3. Ces
4. cette
5. Ce
6. Cette
7. ce
8. ces

20 Answers will vary.

Leçon C

21
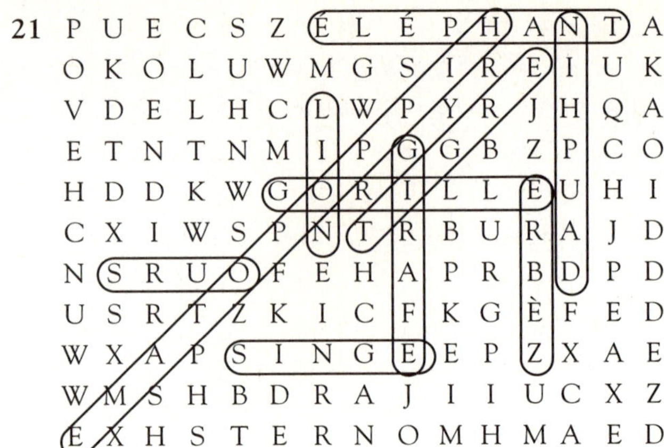

22 1. tout de suite
2. tout droit
3. idées
4. drôles
5. zoo
6. Comme
7. nourriture
8. parc
9. piqueniquons
10. animal
11. est en train d'

23 1. Ne regarde pas la télé! Aide ta mère!
2. Choisis un métier! Ne joue pas aux jeux vidéo!
3. Ne prends pas de boisson froide! Mets un pull!
4. Va au zoo! Ne va pas à la piscine!
5. Cherche la nourriture au supermarché! Ne prends pas d'eau minérale!
6. Fais du roller dans le parc! Ne va pas au cinéma!
7. Ne reste pas à l'hôtel! Vois la tour Eiffel!
8. Parle au pharmacien! Ne fais pas de sport!

24 1. Prenez de l'eau!
2. Faites du sport!
3. Ne mangez pas de fromage!
4. Marchez!
5. Ne prenez pas de coca!
6. Achetez des fruits et des légumes frais!

25
1. Non, n'écoutons pas la radio! Écoutons mes CDs favoris!
2. Non, ne jouons pas au tennis! Jouons au volley!
3. Non, ne regardons pas les singes! Regardons les zèbres!
4. Non, ne faisons pas de sandwichs! Faisons une pizza!
5. Non, n'allons pas au cinéma! Allons au musée d'art!
6. Non, ne visitons pas le Louvre! Visitons le musée d'Orsay!
7. Non, ne parlons pas à la boulangère! Parlons à la caissière!
8. Non, ne cherchons pas un grand magasin! Cherchons une boutique!

26 Answers will vary.

Unité 3

Leçon A

1
1. un océan
2. un étang
3. une montagne
4. un fleuve
5. un lac
6. une route
7. une rivière
8. une cascade
9. une île
10. un pont

2
1. à pied
2. en avion
3. en voiture
4. en autobus (en bus)
5. en train
6. en bateau
7. à vélo

3

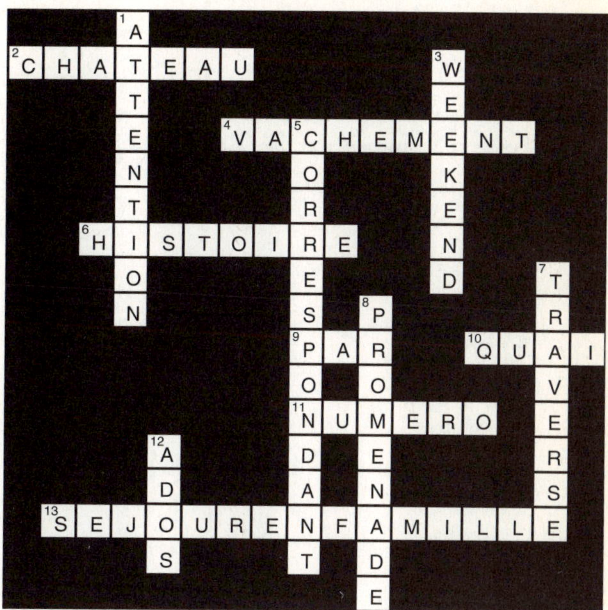

4
1. Je pars de l'aéroport.
2. Mme Chambert part de la gare.
3. M. et Mme Creswell partent de la gare.
4. Tu pars de l'aéroport.
5. Mme Farinelli et toi, vous partez de la gare.
6. M. Kitada part de l'aéroport.
7. Juan et moi, nous partons de la gare.
8. Nos correspondantes partent de l'aéroport.

5
1. Alain et toi, vous sortez ce soir.
2. Je ne sors pas ce soir.
3. Karine et Zohra ne sortent pas ce soir.
4. Tu sors ce soir.
5. Damien ne sort pas ce soir.
6. Nadia et moi, nous ne sortons pas ce soir.
7. Marc et Jeanne sortent ce soir.
8. Sylvie ne sort pas ce soir.

6 sors, sortons, partent, sortir, part, sors, Sors, partez

7 1. Ils sont allés en Provence.
2. Elle n'est pas allée en Provence.
3. Elles sont allées en Provence.
4. Je suis allé(e) en Provence.
5. Nous ne sommes pas allés en Provence.
6. Il n'est pas allé en Provence.
7. Tu es allé(e) en Provence.
8. Vous n'êtes pas allés en Provence.

8 1. est restée
2. sont arrivées
3. es revenu
4. êtes devenus
5. sont partis
6. est sorti
7. suis entré(e)
8. sommes monté(e)s
9. es, rentrée
10. sont venues

9 1. Magali et Laïla, êtes-vous sorties le weekend dernier?
2. Abdoul, es-tu parti en train pour Aix-en-Provence?
3. Fred et Fayçal, êtes-vous arrivés au quai en avance?
4. Isabelle, es-tu restée chez Sandrine vendredi soir?
5. Manu et André, êtes-vous revenus ensemble du stade?
6. Béatrice, es-tu allée à la campagne?
7. Raphaël, es-tu venu avec ton billet?

10 1. ai passé
2. sommes sorties
3. ai pris
4. avons fait
5. est arrivé
6. est parti
7. a écouté
8. ont traversé
9. a vu
10. ont piqueniqué
11. sommes restés
12. avons visité
13. suis montée
14. suis allée
15. avez voyagé
16. as travaillé

11 1. David est allé à Phoenix, aux États-Unis.
2. Mahmoud est allé à Abidjan, en Côte-d'Ivoire.
3. Yasmine est allée à Casablanca, au Maroc.
4. Anne-Marie est allée à Genève, en Suisse.
5. Takeshi est allé à Tokyo, au Japon.
6. Isabella est allée à Florence, en Italie.
7. Jean-Christophe est allé à Dakar, au Sénégal.
8. Francine est allée à Québec, au Canada.

Leçon B

12 1. une carte
2. Une bande dessinée
3. un roman
4. une lettre
5. un magazine
6. un journal
7. un message

13 1. D 2. G 3. H 4. I 5. C 6. E 7. A 8. F
9. J 10. B

14

15
1. François ne dort pas.
2. Karim et Jean-Luc dorment.
3. Je dors.
4. Élisabeth et toi, vous ne dormez pas.
5. Tu ne dors pas.
6. Clémence dort.
7. Véronique et moi, nous dormons.
8. Juliette et Marie-France ne dorment pas.

16
1. lisons   2. lis   3. lisent   4. lis
5. lit   6. lisez   7. lit   8. lisent

17
1. lit   2. dorment   3. lis   4. dort
5. lisent   6. dors   7. lisons   8. dormez

18
1. Monica est la première.
2. Jill est la neuvième.
3. Tim est le troisième.
4. Garrett est le cinquième.
5. Amber est la huitième.
6. Nick est le dixième.
7. Ben est le septième.
8. Angie est la vingt et unième.

19
1. Elle habite dans le seizième.
2. Elle habite dans le douzième.
3. Il habite dans le sixième.
4. Ils habitent dans le deuxième.
5. Ils habitent dans le treizième.
6. Elle habite dans le dix-huitième.
7. Elles habitent dans le quatrième.
8. Mes correspondants habitent dans le quatorzième.

20
1. feux
2. chevaux
3. amoureux
4. nouveaux
5. heureux
6. bateaux
7. autobus
8. frais

21
1. Raoul a acheté des tableaux.
2. Raoul a acheté des jeux vidéo.
3. Raoul a acheté des oiseaux.
4. Raoul a acheté des manteaux.
5. Raoul a acheté des journaux.
6. Raoul a acheté des cadeaux.

Leçon C

22

```
L D Q U U D G D S L C A F E P
E N Z D I U Y J W E B N S L G
M A X G S E L U O M X C Q Q R
A L A A K É H T N V A I K R K
R E M E D S T I U R F U L B A
A K E P Q C V I G P M F F I P
C Z V X T U F O D G Q Y B J Z
E D Z Z A X T É F U R Z R B R
M P P Q W S I C C J R T Y L J
È Q O E V L A V Y G I C R A U
R C T Y Q T S U W L S Z U A D
C G A X E K U Z M Q V N Y V Y
I J G E V M R M H O I I Q R D
D X E M A V C M J M N C V E U
```

23

24
1. Nous voulons faire une réservation pour demain soir.
2. La fermière veut nourrir les animaux.
3. Vous ne voulez pas envoyer son cadeau aujourd'hui.
4. Les serveurs ne veulent pas recommander la mousse au chocolat.
5. Je ne veux pas faire du sport.
6. Tu veux écouter leurs histoires une par une.
7. Gilbert veut attendre au quai.
8. Denise et Pascale ne veulent pas faire une promenade à vélo.

25
1. Jean-Pierre et moi, nous ne pouvons pas aider Mme Coleman. Nous devons jouer au basket.
2. Tu ne peux pas aider Mme Coleman. Tu dois nourrir les animaux.
3. Anne ne peut pas aider Mme Coleman. Elle doit aider sa grand-mère.
4. Delphine et Élodie ne peuvent pas aider Mme Coleman. Elles doivent faire une excursion en bus.
5. Je ne peux pas aider Mme Coleman. Je dois nettoyer ma chambre.
6. Lucien ne peut pas aider Mme Coleman. Il doit faire les courses.
7. Chantal et toi, vous ne pouvez pas aider Mme Coleman. Vous devez faire le dîner.
8. Martine et Karine ne peuvent pas aider Mme Coleman. Elle doivent acheter des vêtements.

26
1. Il faut faire une excursion en bateau sur la Seine.
2. Il faut envoyer des cartes postales.
3. Il ne faut pas aller toujours au Macdo.
4. Il faut acheter un dictionnaire.
5. Il ne faut pas parler anglais à tout le monde.
6. Il faut marcher dans le bois de Boulogne.
7. Il faut prendre beaucoup de photos.
8. Il faut voir les monuments.

27
1. Alors, prenez du vin rouge.
2. Alors, prenez du potage.
3. Alors, prenez du coq au vin.
4. Alors, prenez du thé.
5. Alors, prenez de la crème caramel.
6. Alors, prenez des crudités.
7. Alors, prenez de l'eau minérale.

Unité 4
Leçon A

1
1. le savon
2. une serviette
3. le dentifrice, une brosse à dents
4. le shampooing
5. une glace
6. un gant de toilette

2 1. E 2. H 3. A 4. D 5. F 6. C 7. G 8. B

3

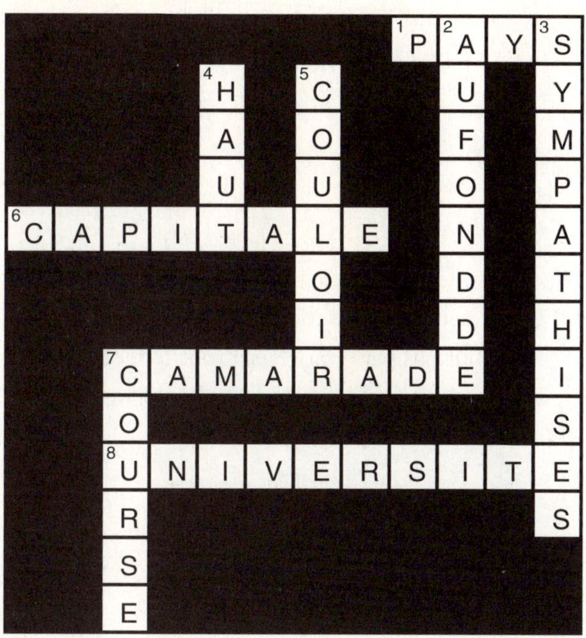

4 1. me 2. se 3. te 4. se
5. vous 6. nous 7. s' 8. se

5 1. Nous nous lavons les mains.
2. Elles s'habillent bien.
3. Tu te brosses les dents.
4. Elle se brosse les cheveux.
5. Ils se lèvent tôt.
6. Vous vous déshabillez.
7. Je me réveille.
8. On se regarde dans la glace.

6 Answers will vary.

7 Answers will vary.

8 1. Nous ne nous brossons pas les cheveux.
2. Tu ne te regardes pas quand tu t'habilles.
3. Mes grands-parents ne se couchent pas tôt.
4. Chloé ne se lève pas à sept heures.
5. Vous ne vous lavez pas la figure chaque soir.
6. Je ne m'habille pas en jean.
7. Henri ne se réveille pas à l'heure.
8. Marie et Anne ne se déshabillent pas dans leur chambre.

9 1. En quoi t'habilles-tu?
2. À quelle heure Marion se réveille-t-elle?
3. Pourquoi vous lavez-vous les mains?
4. Quand te regardes-tu dans la glace?
5. Avec quel shampooing tes frères se lavent-ils les cheveux?
6. Où nous couchons-nous pendant le voyage?
7. Pourquoi Léon se brosse-t-il les dents avec du sel?
8. Dans quelle pièce te déshabilles-tu?

Leçon B

10 1. un aspirateur
2. un sèche-linge
3. un fer à repasser
4. une tondeuse
5. une machine à laver
6. un lave-vaisselle

11 1. E 2. G 3. H 4. A 5. D 6. J 7. C 8. F 9. K
10. B 11. I

12

13 1. Elle ne s'assied pas.

2. Je m'assieds.

3. Ton frère et toi, vous vous asseyez.

4. Ils ne s'asseyent pas.

5. Tu ne t'assieds pas.

6. Il s'assied.

7. Mes parents et moi, nous ne nous asseyons pas.

8. Elles s'asseyent.

14

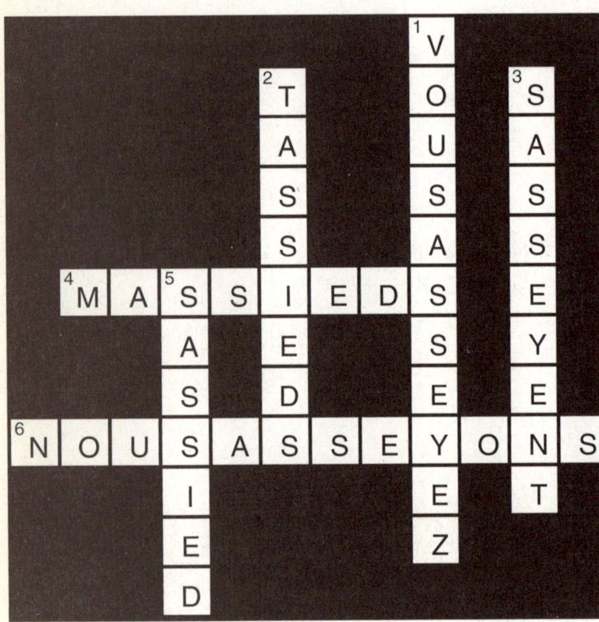

15 1. Réveille-toi!

2. Lève-toi!

3. Dépêche-toi!

4. Habille-toi!

5. Regarde-toi dans la glace!

6. Couche-toi!

16 1. Dépêchez-vous!

2. Réveillez-vous!

3. Brossez-vous les dents!

4. Asseyez-vous!

5. Lavez-vous les mains!

6. Déshabillez-vous!

7. Levez-vous!

8. Couchez-vous!

17 1. Couchons-nous tôt!

2. Habillons-nous bien!

3. Asseyons-nous devant la télé!

4. Lavons-nous les mains!

5. Habillons-nous en jean!

6. Dépêchons-nous!

18 1. Ne te déshabille pas maintenant!

2. Ne nous levons pas tôt!

3. Ne vous lavez pas la figure!

4. Ne nous couchons pas à minuit!

5. Ne t'assieds pas à côté de moi!

6. Ne te dépêche pas!

7. Ne vous brossez pas les cheveux!

8. Ne nous regardons pas dans la glace!

Leçon C

19 1. le maquillage

2. un rasoir

3. le mascara

4. un sèche-cheveux

5. un peigne

6. le rouge à lèvres

7. une brosse à cheveux

20 Answers will vary.

21

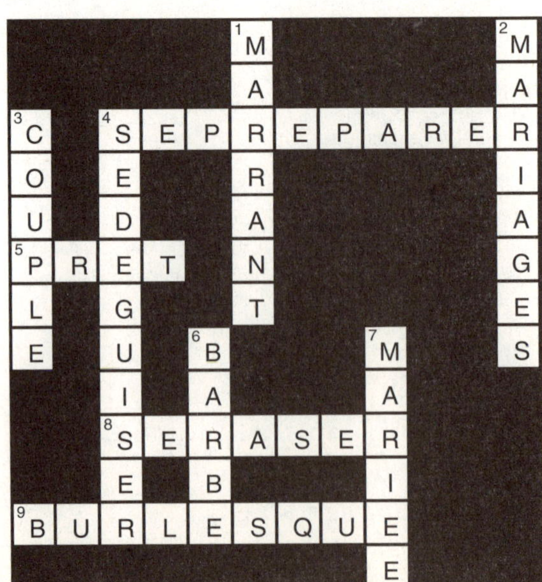

C'EST À TOI!
Level Two

22
1. Jacques et moi, nous nous sommes préparés pour Noël.
2. Je me suis préparé(e) pour l'école.
3. Damien s'est préparé pour la boum.
4. Mme Tardieu s'est préparée pour le travail.
5. Tu t'es préparé(e) pour le dîner.
6. Laurent et toi, vous vous êtes préparés pour les vacances.
7. Bernadette et Claire se sont préparées pour le voyage.
8. Les Français se sont préparés pour la fête.

23

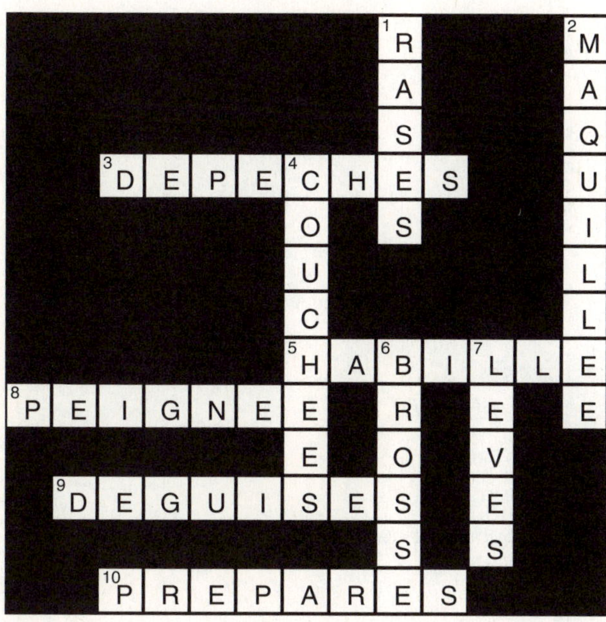

24
1. Il s'est préparé pour l'école.
2. Elles se sont couchées.
3. Ils se sont rasés.
4. Elle s'est maquillée.
5. Tu t'es brossé les dents.
6. Je me suis habillé(e).
7. Malick et moi, nous nous sommes brossé les cheveux.
8. Marie-Claire et toi, vous vous êtes déguisé(e)s.

25
1. Yvonne ne s'est pas maquillée.
2. Je ne me suis pas lavé les cheveux.
3. Tu ne t'es pas réveillé tôt.
4. Nous ne nous sommes pas déguisés.
5. Vous ne vous êtes pas regardées dans la glace.
6. Yves ne s'est pas préparé pour l'interro.
7. Pierre et Hervé ne se sont pas rasés.
8. Fabienne et Yvette ne se sont pas peignées.

26
1. Mme Dutoit, vous êtes-vous déguisée en homme?
2. Chloé, t'es-tu peignée?
3. Nancy et Paulette, vous êtes-vous lavé les mains?
4. Manu, t'es-tu regardé dans la glace?
5. M. Ruquier, vous êtes-vous déguisé en femme?
6. Bruno, t'es-tu lavé les cheveux?
7. Sylvain et Renaud, vous êtes-vous dépêchés?
8. Marie, t'es-tu brossé les dents?

Unité 5

Leçon A

1

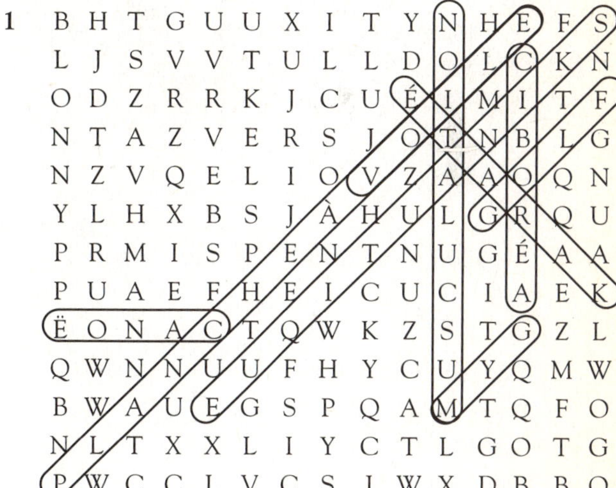

C'EST À TOI!
Level Two

2

3
1. J'offre une raquette de tennis à mon ami.
2. Bastien offre une bande dessinée à son cousin.
3. Tu offres un roman à ton oncle.
4. Agnès et moi, nous offrons un nouveau CD à notre ami.
5. Charlotte et Didier offrent des billets à leur mère.
6. Vous offrez des bâtons à votre sœur.
7. Gabrielle et France offrent un oiseau à leur grand-mère.

4
1. Marthe et moi, nous avons offert de faire une pizza.
2. Tu as offert d'acheter de la limonade.
3. Ève et Lionel ont offert de choisir des CDs.
4. Serge et toi, vous avez offert de téléphoner à tout le monde.
5. J'ai offert de faire la vaisselle.
6. Michel a offert de mettre la table.
7. Sonia et Josette ont offert de chercher un film.
8. Rose a offert de ranger le salon.

5
1. M. Mairesse court à la boulangerie.
2. Le couple court à la mairie.
3. Je cours à la maison.
4. La serveuse court au café.
5. Tu cours à la librairie.
6. Florence et moi, nous courons au stade.
7. Les élèves courent à la bibliothèque.
8. Zohra et Laure courent à la crémerie.
9. Angèle et toi, vous courez au supermarché.

6
1. m', t'
2. te, me
3. nous, vous
4. nous, vous
5. vous, vous
6. t', m'
7. m', vous
8. m', t'

7 Answers will vary.

Leçon B

8
1. un film policier
2. un match
3. une comédie
4. Un bulletin météo
5. un film d'épouvante
6. un film d'amour
7. un jeu télévisé
8. un drame
9. les informations
10. un feuilleton
11. un dessin animé
12. un documentaire
13. une émission
14. un film de science-fiction
15. un film d'aventures

9 Answers will vary.

10
1. Marcel la voit.
2. Marcel les voit.
3. Marcel le voit.
4. Marcel les voit.
5. Marcel le voit.
6. Marcel la voit.
7. Marcel la voit.
8. Marcel les voit.

11
1. les   2. le   3. l'   4. la
5. Les   6. le   7. la   8. l'
9. les   10. l'

12 Answers will vary.

13
1. Annick le regarde, mais Vincent ne le regarde pas.
2. Mon père la regarde, mais ma mère ne la regarde pas.
3. Paule les regarde, mais Colette ne les regarde pas.
4. Ma sœur la regarde, mais mon frère ne la regarde pas.
5. Romain le regarde, mais Gustave ne le regarde pas.
6. Mon ami les regarde, mais ma prof ne les regarde pas.
7. Mon petit cousin le regarde, mais ma tante ne le regarde pas.
8. Hugues les regarde, mais Claire ne les regarde pas.

14
1. Oui, nous l'aimons.
2. Oui, je la repasse.
3. Oui, tu l'aides à mieux jouer au golf.
4. Oui, vous les vendez.
5. Oui, elle le voit.
6. Oui, ils les lisent.
7. Oui, elles le regardent.
8. Oui, il la sort.

15
1. Il l'aime. Il ne la trouve pas pénible.
2. Nous l'achetons. Nous ne la regardons pas.
3. Elle la prend. Elle ne les attend pas.
4. Nous ne les lisons pas. Nous les écoutons.
5. Elle la met dans le garage. Elle ne le prépare pas.
6. Ils la nettoient. Ils ne les invitent pas.
7. Vous les faites après l'école. Vous ne la regardez pas.
8. Tu ne l'offres pas. Tu l'achètes.

16
1. La serveuse, la cherches-tu?
2. Les baskets rouges, les aimes-tu?
3. Ton prof, l'attends-tu?
4. Ton vélo, le vends-tu?
5. La musique classique, l'écoutes-tu?
6. Ta stéréo, la gardes-tu?
7. Tes chaussettes, les trouves-tu?
8. Ce film d'aventures, le regardes-tu?

17
1. Il va le ranger dans une semaine.
2. Il va la sortir dans une semaine.
3. Il va la faire dans une semaine.
4. Il va les arroser dans une semaine.
5. Il va le faire sécher dans une semaine.
6. Il va le passer dans une semaine.
7. Il va l'enlever dans une semaine.
8. Il va les changer dans une semaine.

Leçon C

18
1. un saxophone
2. une batterie
3. un piano
4. un trombone
5. un synthétiseur
6. une flûte
7. une guitare
8. une clarinette
9. une trompette
10. un violon

19 1. Gauthier joue du violon.
2. Aurore joue de la trompette.
3. Sabine joue de la batterie.
4. Simon joue du synthé.
5. Bertrand joue du piano.
6. Gaël joue de la flûte.
7. Louise joue du trombone.

20 1. Benoît joue aux échecs.
2. Caro fait du baby-sitting.
3. Marion joue du saxophone.
4. M. Meyrieux fait de l'escalade.
5. Jean joue aux cartes.
6. Lydie collectionne des cartes postales.

21

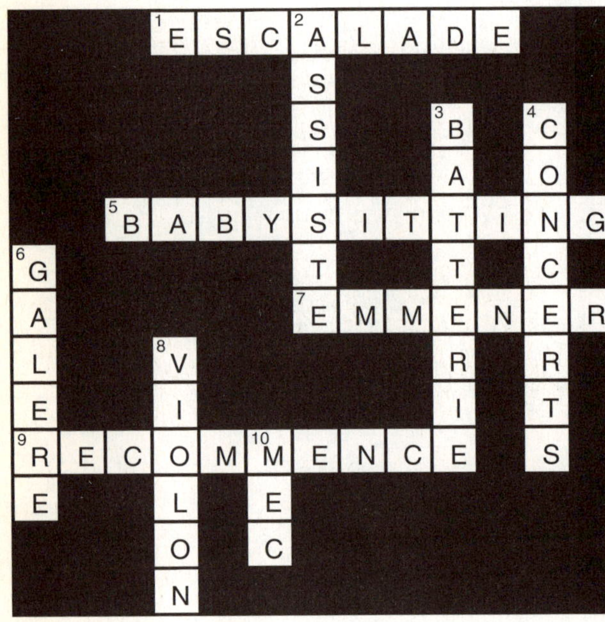

22 1. es   2. s   3. e   4. X
5. X   6. es   7. e   8. s
9. X   10. es

23 1. nettoyées
2. mise
3. repassés
4. faite
5. nettoyé
6. arrosées
7. changés
8. séché

24 1. Elle l'a mise.
2. Tu l'as vu.
3. Je les ai achetés.
4. Elle l'a rangée.
5. Vous les avez nourris.
6. Nous les avons finis.
7. Il les a visités.
8. Nous l'avons fêtée.
9. Tu l'as recommencé.

25 Answers will vary.

26 1. Elle ne l'a pas mis. Elle l'a mis.
2. Elle ne l'a pas mise. Elle l'a mis.
3. Elle ne les a pas mises. Elle les a mises.
4. Elle les a mises. Elle ne les a pas mis.

27 1. Je ne les ai pas prises.
2. Je ne l'ai pas pris.
3. Je ne l'ai pas pris.
4. Je ne l'ai pas prise.
5. Je ne les ai pas pris.
6. Je ne l'ai pas pris.
7. Je ne les ai pas pris.
8. Je ne l'ai pas prise.

Unité 6

Leçon A

1 1. en or
2. une montre
3. guichet automatique
4. un aérogramme
5. une bague
6. le courrier
7. La postière
8. L'adresse
9. la boîte aux lettres
10. un collier

2

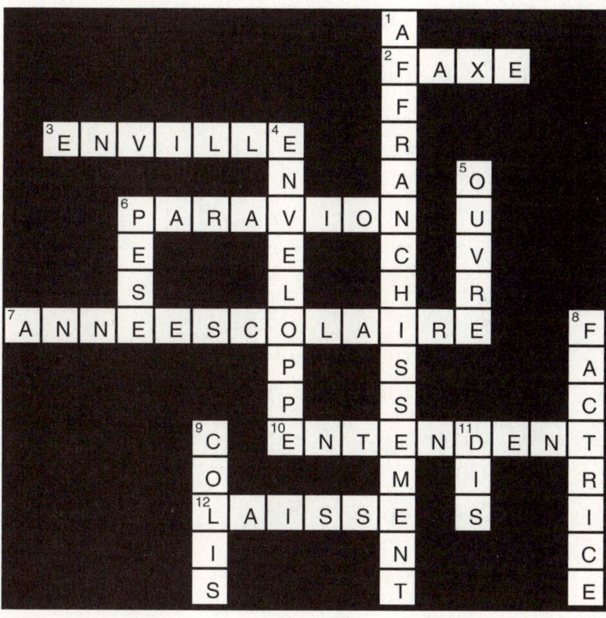

3 1. Je dis que je vais faire du cheval.
2. Serge dit qu'il va faire de l'escalade.
3. Monique et moi, nous disons que nous allons faire de la voile.
4. François et Sylvain disent qu'ils vont faire du canoë.
5. Tu dis que tu vas faire du ski nautique.
6. Marie-France dit qu'elle va jouer au golf.
7. Delphine et Brigitte disent qu'elles vont jouer au tennis.
8. Xavier et toi, vous dites que vous allez faire du karaté.

4 1. Vous dites qu'elle est sympa.
2. Gabriel dit qu'il n'est pas sympa.
3. Je dis qu'elle est sympa.
4. Nous disons qu'il est sympa.
5. Les autres élèves disent qu'elle n'est pas sympa.
6. Tu dis qu'il n'est pas sympa.
7. Solange dit qu'elle est sympa.

5 1. Albert et moi, nous avons dit, "Bon anniversaire!"
2. Le serveur a dit, "Je vous en prie."
3. Daniel et toi, vous avez dit, "C'est magnifique!"
4. Maman a dit, "Bonne fête!"
5. J'ai dit, "Bonjour!"
6. Ses copains ont dit, "C'est dommage."
7. Tu as dit, "Je suis désolé(e)."
8. Les élèves ont dit, "Quelle galère!"

6 1. Vincent ouvre sa trousse.
2. J'ouvre le courrier.
3. La prof ouvre l'enveloppe.
4. Mon demi-frère et moi, nous ouvrons le colis.
5. Mama et papa ouvrent le cadeau.
6. Vos correspondants ouvrent les aérogrammes.
7. Tu ouvres le télégramme.
8. Aurélie et toi, vous ouvrez la boîte de petits pois.

7 1. ouvre   2. offre   3. ouvrent
4. ouvrons   5. offrez   6. ouvres
7. offrent   8. ouvrez   9. offrons
10. offres   11. ouvre   12. offre

8 1. M. Deraims a ouvert son magasin à six heures.
2. Mlle Duthuron a ouvert son magasin à huit heures et demie.
3. Mme Labarthe et M. Roche ont ouvert leur magasin à huit heures moins le quart.
4. M. Mariette et toi, vous avez ouvert votre magasin à six heures dix.
5. J'ai ouvert mon magasin à neuf heures et quart.
6. Tu as ouvert ton magasin à six heures dix.
7. Les boulangers ont ouvert leur magasin à sept heures moins vingt.

9 1. que   2. qui   3. qu'   4. qu'
   5. qui   6. qui   7. qui   8. que

10 1. Strasbourg est une ville française qui est à côté de l'Allemagne.
   2. Abdel-Cader achète un collier et des boucles d'oreilles qui sont pour sa mère.
   3. La montre qu'il offre à son père est en argent.
   4. Abdel-Cader a goûté la nourriture alsacienne qui est bonne.
   5. Il met l'adresse sur le colis que la postière pèse.
   6. Strasbourg est une ville célèbre qui ressemble aux villes allemandes.
   7. Il va au bus qu'il a vu à la poste.
   8. La lettre qu'Abdel-Cader ouvre est de ses parents.

11 1. Voici les photos que j'ai prises en France.
   2. Voici la tour Eiffel qu'on a vue le premier jour à Paris.
   3. Ce sont les tableaux du musée d'Orsay que j'ai trouvés les plus beaux.
   4. Les sculptures de Picasso que j'ai vues au jardin du musée sont modernes.
   5. J'ai visité la cathédrale de Strasbourg qu'on a finie en 1439.
   6. La semaine que j'ai passée à Aix-en-Provence a été formidable.

Leçon B

12 1. un sac à main
   2. un parapluie, un imperméable
   3. une ceinture
   4. des lunettes de soleil
   5. des gants
   6. un mouchoir
   7. un portefeuille
   8. des verres de contact
   9. un pyjama, un peignoir de bain
  10. des pantoufles
  11. une casquette
  12. des sous-vêtements
  13. des sandales
  14. un foulard

13

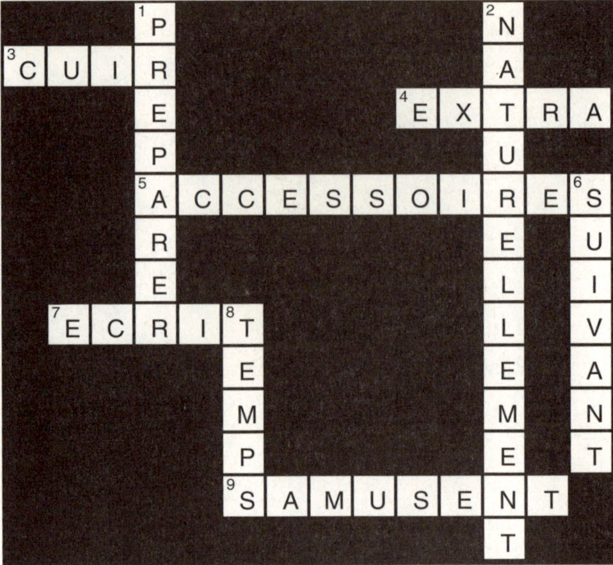

14 1. Charles Schultz écrit une bande dessinée célèbre.
   2. Tu écris un message en cours.
   3. Ma prof écrit une lettre à l'Office de Tourisme de Tunis.
   4. Clémence et Annie écrivent des cartes postales de Paris.
   5. J'écris l'adresse sur l'enveloppe.
   6. Viviane et toi, vous écrivez une histoire.
   7. Mon correspondant et moi, nous écrivons des aérogrammes.
   8. Stephen King et Danielle Steel écrivent des romans modernes.

15 1. a écrit
   2. ai écrit
   3. a écrit
   4. avons écrit
   5. as, écrit
   6. ont écrit
   7. avez écrit
   8. ont écrit

16 1. lui   2. lui   3. leur   4. lui
  5. lui   6. leur   7. leur   8. leur

17 1. Il leur offre des aérogrammes.
  2. Il lui offre une bande dessinée.
  3. Il leur offre des mouchoirs.
  4. Il lui offre un foulard.
  5. Il lui offre des pantoufles.
  6. Il leur offre des lunettes de soleil.
  7. Il lui offre une raquette.
  8. Il leur offre des boucles d'oreilles.

18 Answers will vary.

19 1. Offrez-lui du vin blanc!
  2. Offrez-leur des escargots!
  3. Offrez-leur des crudités!
  4. Offrez-lui des moules!
  5. Offrez-lui du potage!
  6. Offrez-leur des fruits de mer!
  7. Offrez-lui du coq au vin!
  8. Offrez-leur de la crème caramel!

20 1. Non, je ne leur ai pas montré mon interro.
  2. Oui, elle leur a présenté le nouvel élève.
  3. Oui, nous lui avons donné nos devoirs hier.
  4. Non, il ne leur a pas lu cette histoire.
  5. Oui, elles lui ont envoyé des cartes postales.
  6. Non, tu ne lui as pas écrit d'aérogrammes.
  7. Non, vous ne lui avez pas offert la montre en argent.
  8. Oui, ils leur ont téléphoné.

Leçon C

21

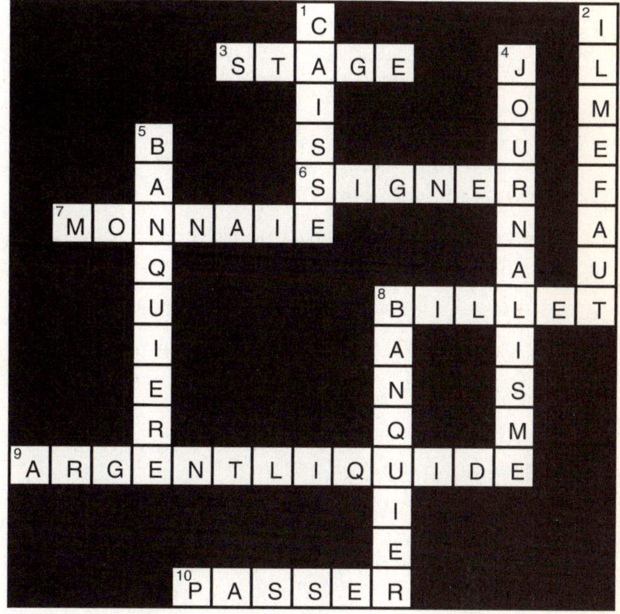

22 stage, argent liquide, signe, banquière, passe, caisse, caissier, billets, monnaie, il me faut

23 1. m', t'
  2. me, vous
  3. nous, vous
  4. vous, nous
  5. te, nous
  6. t', m'
  7. me, vous
  8. t', m'

24 1. Elle me donne sa stéréo.
  2. Elle te donne son anorak.
  3. Elle nous donne ses magazines.
  4. Elle vous donne ses CDs.
  5. Elle nous donne ses timbres américains.
  6. Elle me donne sa clarinette.
  7. Elle vous donne ses livres de science-fiction.
  8. Elle te donne son téléphone.

25
1. Oui, je vais te dire "Au revoir" à l'aéroport.
2. Oui, je vais vous donner mon adresse à la Guadeloupe.
3. Oui, je vais t'écrire chaque semaine.
4. Oui, je vais vous téléphoner chaque mois.
5. Oui, je vais te parler de ma correspondante.
6. Oui, je vais t'envoyer des accessoires guadeloupéens.
7. Oui, je vais vous montrer mes photos.

26
1. Donne-nous des boissons chaudes!
2. Donne-moi mon peignoir de bain!
3. Donne-moi ma casquette verte!
4. Donne-nous du dessert!
5. Donne-nous un jeu vidéo!
6. Donne-moi une bande dessinée!
7. Donne-moi un stylo!
8. Donne-nous des feuilles de papier!

27
1. Oui, il m'a montré ses devoirs.
2. Oui, je vous ai téléphoné hier soir.
3. Non, je ne t'ai pas offert cette carte.
4. Non, nous ne vous avons pas écrit pendant nos vacances.
5. Oui, tu nous as donné ces foulards.
6. Non, tu ne m'as pas présenté ton cousin.
7. Oui, je t'ai acheté cette casquette.
8. Non, vous ne nous avez pas parlé de votre travail.

Unité 7
Leçon A

1

2 vérifie, destination, escale, direct, faire enregistrer, côté, immigration, contrôle de sécurité, porte d'embarquement, vol, décolle, passer à la douane

3
1. les, leur
2. la, lui
3. les, leur
4. les, lui
5. le, lui
6. la, leur
7. le, leur
8. les, lui

4
1. Elle nous les vend.
2. Elle me le vend.
3. Elle te le vend.
4. Elle vous la vend.
5. Elle te les vend.
6. Elle me le vend.
7. Elle vous la vend.
8. Elle nous les vend.

5 1. Oui, il le lui parle.
  2. Non, elle ne la leur montre pas.
  3. Oui, elle le leur vend.
  4. Oui, il la leur indique.
  5. Oui, il les lui donne.
  6. Non, elle ne les leur écrit pas.
  7. Non, il ne la lui lit pas.
  8. Non, elle ne la lui offre pas.

6 Answers will vary.

7 1. Oui, il le lui a dit.
  2. Oui, elle les lui a offerts.
  3. Oui, elle le leur a parlé.
  4. Oui, elle la lui a donnée.
  5. Oui, il le leur a donné.
  6. Oui, il les leur a montrées.
  7. Oui, il la lui a indiquée.
  8. Oui, il les leur a indiqués.

8 1. Offre-les-moi!
  2. Offre-le-moi!
  3. Offre-le-moi!
  4. Offre-la-moi!
  5. Offre-les-moi!
  6. Offre-la-moi!

9 1. Oui, dites-la-nous!
  2. Oui, lisez-la-nous!
  3. Oui, donnez-le-nous!
  4. Oui, montrez-les-nous!
  5. Oui, vendez-la-nous!
  6. Oui, donnez-la-nous!
  7. Oui, présentez-les-nous!
  8. Oui, offrez-les-nous!

Leçon B

10

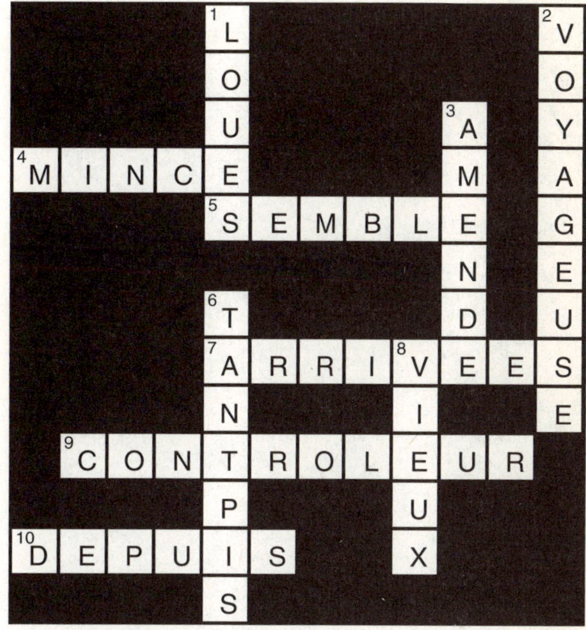

11 fait la queue, voyageurs, composte, voie, monte, contrôleuse, espère

12 1. Elle l'a écoutée il y a une semaine.
  2. Elle l'a lu il y a deux jours.
  3. Elle les a préparés il y a quinze minutes.
  4. Elle les a loués il y a un mois.
  5. Elle l'a achetée il y a six mois.
  6. Elle l'a composté il y a cinq minutes.
  7. Elle les a écrites il y a un an.
  8. Elle les a portées il y a dix jours.

13 Answers will vary.

14 1. Depuis quand
  2. Depuis quand
  3. Depuis combien de temps
  4. Depuis quand
  5. Depuis combien de temps
  6. Depuis quand
  7. Depuis combien de temps
  8. Depuis combien de temps

15 Answers will vary.

Leçon C

16

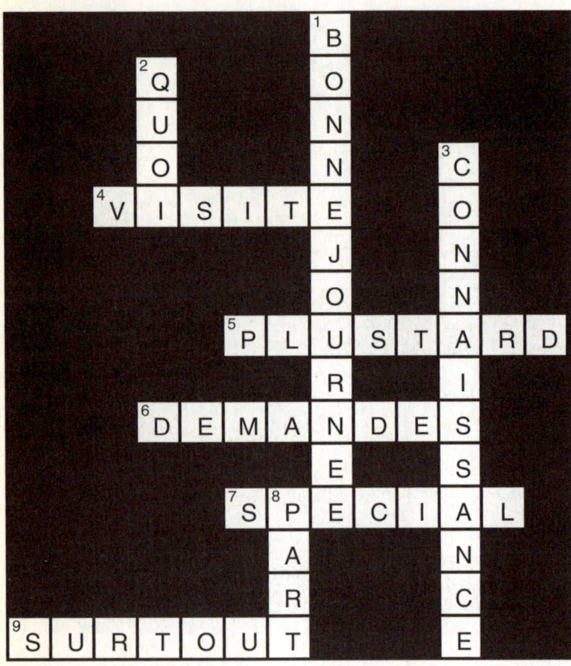

17 R.E.R., trajet, syndicat d'initiative, Reine, chapelle, galerie, superbe, flâne, connaît

18
1. sait
2. sais
3. sait
4. sais
5. savons
6. savent
7. savez
8. savent

19
1. Je sais nager.
2. Nicole sait danser.
3. Arnaud et moi, nous savons jouer au golf.
4. Tu sais jouer du violon.
5. Marc sait parler espagnol.
6. Claudine et toi, vous savez faire de l'aérobic.
7. Tout le monde sait courir.
8. Nadège et Diane savent skier.

20
1. connais
2. connaît
3. connais
4. connaissent
5. connaissez
6. connaît
7. connaissons
8. connaissent

21 Possible answers:
1. Nous le connaissons.
2. Nous les connaissons.
3. Nous les connaissons.
4. Nous ne les connaissons pas.
5. Nous le connaissons.
6. Nous ne la connaissons pas.
7. Nous ne le connaissons pas.
8. Nous le connaissons.
9. Nous la connaissons.
10. Nous la connaissons.
11. Nous ne les connaissons pas.
12. Nous ne le connaissons pas.

22
1. savons
2. sais
3. connaissez
4. connais
5. connaissent
6. sait
7. savent
8. connaît
9. sais
10. connaissons
11. savez
12. Connais

23 1. Elle connaît Claude Monet. Elle sait qu'il a aimé son jardin à Giverny.

2. Elle connaît Louis XIV. Elle sait qu'il s'appelle le Roi Soleil.

3. Elle connaît Pierre Auguste Renoir. Elle sait que ses tableaux sont au musée d'Orsay.

4. Elle connaît Alexandre Dumas. Elle sait qu'il a écrit *Le Comte de Monte-Cristo*.

5. Elle connaît Paul Cézanne. Elle sait qu'il a habité à Aix-en-Provence.

6. Elle connaît Paul Gauguin. Elle sait qu'il a passé des années à Tahiti.

7. Elle connaît Toussaint-Louverture. Elle sait qu'il a libéré les esclaves africains d'Haïti.

8. Elle connaît Paul Bocuse. Elle sait qu'il prépare des plats français.

24 Answers will vary.

25 1. avez connu

2. ai su

3. as, connu

4. avons su

5. a su

6. ont connu

7. As, su

Unité 8
Leçon A

1

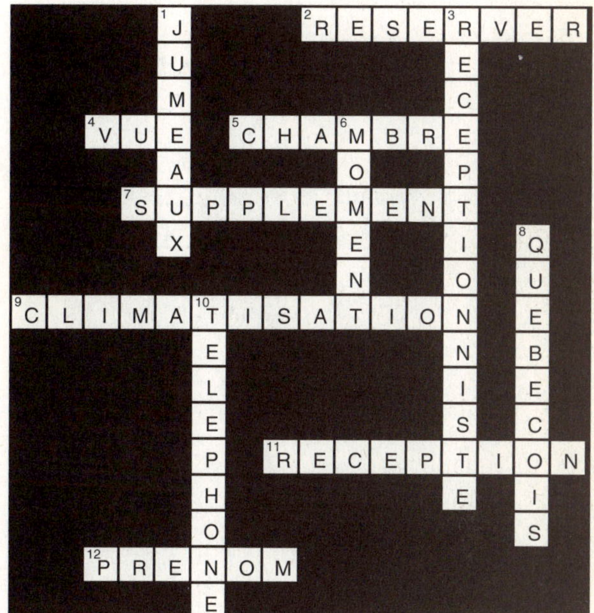

2 réception, réceptionniste, chambre, donne sur, jumeaux, vue, compris, supplément, régler, carte de crédit

3 1. Non, pas elles!

2. Non, pas lui!

3. Non, pas eux!

4. Non, pas moi!

5. Non, pas elle!

6. Non, pas toi!

7. Non, pas nous!

8. Non, pas vous!

4 1. Ils ne sont pas restés chez eux.

2. Il est resté chez lui.

3. Je suis resté(e) chez moi.

4. Tu n'es pas resté(e) chez toi.

5. Nous sommes restés chez nous.

6. Vous n'êtes pas restés chez vous.

7. Elles sont restées chez elles.

8. Elle n'est pas restée chez elle.

5 Possible answers:
1. Je suis aussi égoïste que lui.
2. Thierry sort avec elle.
3. Madeleine est à côté de nous.
4. Les garçons sont moins riches que vous.
5. Ce sont elles qui font la queue.
6. Eux, ils adorent la vue.
7. Elle et lui, ils jouent au golf.
8. Joanne réserve une chambre pour eux.

6 1. eux 2. moi 3. lui 4. nous
   5. elle 6. Elles 7. vous 8. toi

7 Answers will vary.

8 Answers will vary.

Leçon B

9

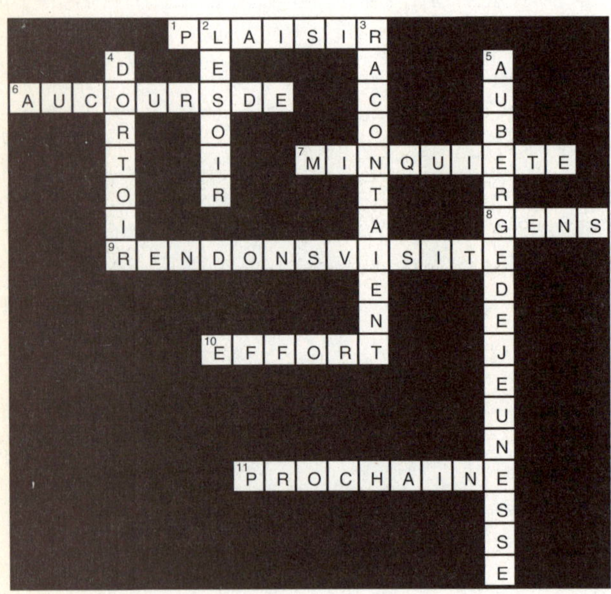

10 décris, auberge de jeunesse, gens, nationalités,
dortoir, Le soir, effort, rendre visite, prochaine

11 1. Vincent et moi, nous travaillions.
2. Je vendais des vêtements.
3. Mon père jouait au golf.
4. Jamila et toi, vous restiez dans une auberge de jeunesse.
5. Tu regardais des monuments intéressants.
6. Ma mère lisait un roman.
7. Mes copines rendaient visite à leurs amis.
8. Fabrice et Dikembe prenaient des photos.

12 1. Je mangeais un sandwich.
2. Karima et Isabelle se maquillaient.
3. Tu ouvrais ton livre de maths.
4. Ousmane téléphonait.
5. Éric et toi, vous faisiez vos devoirs.
6. Valérie dormait.
7. Daniel et moi, nous prenions un coca.
8. Assia et David jouaient aux cartes.

13 1. nous amusions
2. avait
3. prenait
4. laissait
5. envoyais
6. sympathisiez
7. t'asseyais
8. se dépêchaient
9. offraient
10. courais
11. allumait
12. emmenaient

14
1. Tu étais à l'hôtel. Tu réglais.
2. Pierre et Abdoul étaient à la gare. Ils compostaient leurs billets.
3. Florence et moi, nous étions à l'auberge de jeunesse. Nous écoutions de la musique.
4. Sophie et toi, vous étiez à l'hôtel. Vous parliez à la réceptionniste.
5. J'étais à l'auberge de jeunesse. Je dansais.
6. Mme Diop était au supermarché. Elle faisait les courses.
7. Adja et Latifa étaient à la banque. Elles signaient des chèques de voyage.
8. M. Bonitzer était à l'aéroport. Il passait à la douane.

15 étais, habitais, allais, passais, disais, étudiions, écrivait, piqueniquions, rendions visite, donnait, aidais, mettions, faisaient, écoutons, était, étais

16
1. Mlle Rosny finit toute la limonade.
2. Benjamin finit tout le dessert.
3. Marie-Alix finit toute la pizza.
4. M. Quinet finit tous les œufs.
5. Stéphanie finit toutes les crudités.
6. Karim finit tous les raisins.
7. Laurent finit tout le lait.
8. Myriam finit toutes les frites.

17
1. toutes 2. tout 3. tous 4. Tous
5. toute 6. toutes 7. Toute 8. Tout

18
1. Mais oui, j'aime tous les restaurants.
2. Mais oui, j'aime toutes les boutiques.
3. Mais oui, j'aime tous les monuments.
4. Mais oui, j'aime toutes les pâtisseries.
5. Mais oui, j'aime tous les musées.
6. Mais oui, j'aime toutes les plages.
7. Mais oui, j'aime tous les hôtels.
8. Mais oui, j'aime toutes les boulangeries.

19 Answers will vary.

Leçon C

20
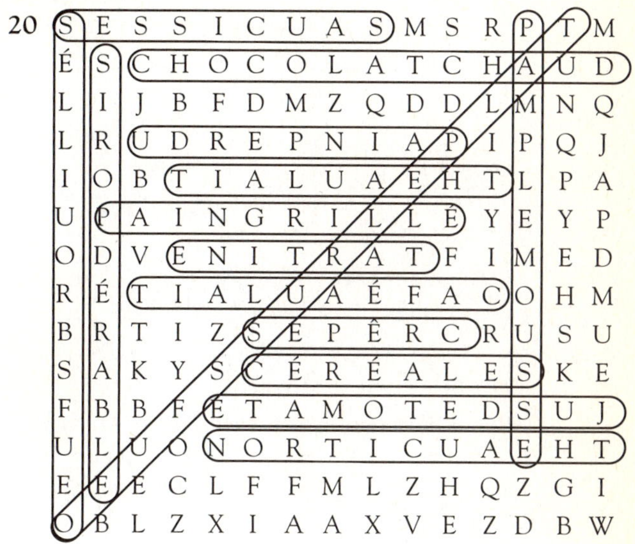

21
1. remplir
2. descend
3. profiter
4. Avant de
5. tartine
6. bois
7. utilise
8. cas
9. complet
10. fiche de commande
11. lendemain
12. reçoit

22
1. reçoit 2. reçois 3. recevez
4. reçoit 5. reçoivent 6. reçois
7. recevons 8. reçoivent

23
1. Théo et moi, nous apercevons la tour Eiffel.
2. Tu aperçois le musée d'Orsay.
3. Sandrine et toi, vous apercevez les Invalides.
4. J'aperçois les jardins des Tuileries.
5. M. Boulingrin aperçoit la place de la Concorde.
6. Khadim et Michèle aperçoivent le Grand Palais.
7. Mlle Eyraud aperçoit la statue de la Liberté.
8. Mes sœurs aperçoivent Notre-Dame.

24 Answers will vary.

25 1. Les enfants ont reçu leurs mères pour la fête des Mères en mai.

2. Tu as reçu ton ami(e) pour la Saint-Valentin en février.

3. Les Québécois ont reçu leurs voisins pour la Saint-Jean en juin.

4. Les Aknouch ont reçu Aurélie pour le Ramadan en septembre.

5. J'ai reçu les enfants du quartier pour la veille de la Toussaint en octobre.

6. Nous avons reçu toute la famille pour la veille de Noël en décembre.

7. Vous avez reçu vos amis pour la Saint-Sylvestre en décembre.

26 1. Quand j'ai mal à la gorge, je bois du thé au citron.

2. Quand nous skions, nous buvons du chocolat chaud.

3. Avant de dormir, mon grand-père boit du lait chaud.

4. Au petit déjeuner, les Américains boivent du jus de pamplemousse.

5. Au Café du Nord, Leïla et Saïd boivent du jus d'orange.

6. Quand il fait chaud, Lamine et toi, vous buvez de la limonade.

7. Au petit déjeuner, les Français boivent du café au lait.

8. Au restaurant, Mme Coutureau boit du vin rouge.

27 1. J'ai bu du jus de pamplemousse.

2. M. Loir n'a pas bu de thé au lait.

3. Manu et toi, vous n'avez pas bu de chocolat chaud.

4. Les Italiens ont bu du coca.

5. Tu as bu du jus de tomate.

6. Françoise et moi, nous avons bu de l'eau minérale.

7. Mes demi-sœurs n'ont pas bu de café au lait.

8. Margarette n'a pas bu de thé.

Unité 9

Leçon A

1 1. un vétérinaire

2. un secrétaire

3. une chanteuse

4. un homme politique

5. un chef

6. un écrivain

7. un ouvrier

8. un metteur en scène

9. un chauffeur

10. un pilote

11. une actrice

12. un pompier

13. un chercheur

2 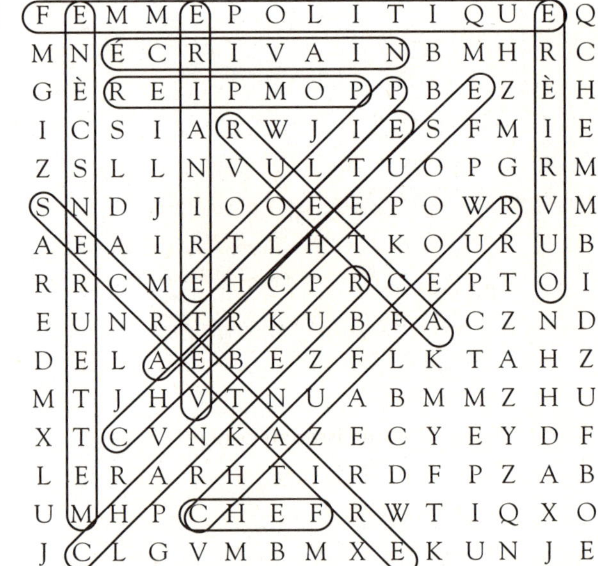

3 1. Elle veut devenir secrétaire.

2. Il veut devenir écrivain.

3. Il veut devenir vétérinaire.

4. Elle veut devenir athlète.

5. Elle veut devenir chef.

6. Il veut devenir chanteur.

7. Elle veut devenir metteur en scène.

8. Il veut devenir acteur.

9. Elle veut devenir ouvrière.

10. Elle veut devenir chauffeur.

11. Il veut devenir pilote.

4

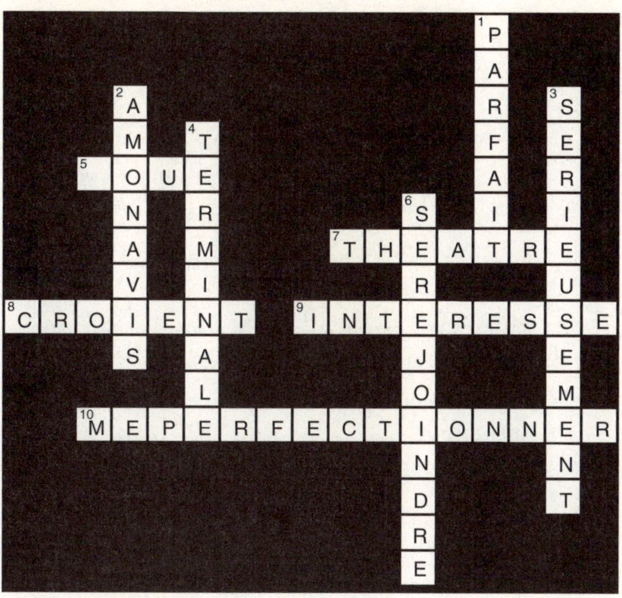

5
1. Qui veut devenir pompier?
2. Qui est en terminale?
3. Qu'est-ce qui t'intéresse?
4. Qui reçoit une commande?
5. Qu'est-ce qui donne sur le jardin?
6. Qu'est-ce qui indique la porte d'embarquement?
7. Qu'est-ce qui est fermé le lundi?
8. Qui va te rendre visite bientôt?

6 Possible answers:
1. Nous allons assister au concert.
2. Tout le monde le met.
3. Le weekend est extra.
4. Mon beau-frère se perfectionne en sciences.
5. Le tableau est à côté du bureau du professeur.
6. Le journalisme m'intéresse.
7. Juliette Binoche est une actrice extra.
8. La musique m'aide à mieux étudier.

7
1. Qui est-ce que tu admires? Qui est-ce que vous admirez?
2. Qui est-ce que Max a vu dans la rue?
3. Qu'est-ce que vous avez acheté?
4. Qui est-ce qu'Adèle va inviter au café?
5. Qu'est-ce que Julie et Malick ont fait?
6. Qui est-ce que tu allais chercher à l'aéroport? Qui est-ce que vous alliez chercher à l'aéroport?
7. Qu'est-ce que vous avez pris au restaurant?
8. Qu'est-ce que papa a ouvert?

8 Possible answers:
1. Je vais lire un magazine ce soir.
2. Ma prof de français croit les élèves intelligents.
3. Ma mère voit le caissier au supermarché.
4. Nous préparons le couscous pour le dîner.
5. Fayçal reçoit Diane chez lui.
6. Mes parents font le ménage le weekend.
7. J'aide mes amis.
8. Je lui offre un CD pour son anniversaire.

9
1. Qu'est-ce que Jean choisit?
2. Qu'est-ce qui t'intéresse?
3. Qui est-ce que vous invitez?
4. Qui se perfectionne en théâtre?
5. Qu'est-ce que tu aimes? Qu'est-ce que vous aimez?
6. Qui est-ce que les filles ont vu au grand magasin?
7. Qui a un boulot parfait?
8. Qu'est-ce qui est bon marché?

10
1. qui
2. Qu'est-ce que
3. Que
4. quoi
5. Qu'est-ce qui
6. Qui est-ce que
7. Qu'est-ce qui
8. Qui est-ce qui (Qui)

11 1. crois 2. croyons 3. crois 4. croit
5. croient 6. croyez 7. croit 8. croient

12 1. Je crois qu'il faut manger des fruits et des légumes tous les jours.
2. Agnès croit que le foot est le sport le plus populaire en France.
3. Nous croyons que Robert ressemble à sa sœur.
4. Tu crois que l'anglais est le cours le plus intéressant.
5. Ahmed et Laure croient que Guillaume est doué en théâtre.
6. Vous croyez que Nadine est trop égoïste.
7. Le prof de maths croit que les élèves étaient paresseux hier.
8. Les filles croient qu'Abdel-Cader est le garçon le plus sympa de l'école.

13 Answers will vary.

14 1. a cru   2. avons cru 3. avez cru
4. ont cru   5. a cru   6. ai cru
7. as cru   8. a cru

Leçon B

15

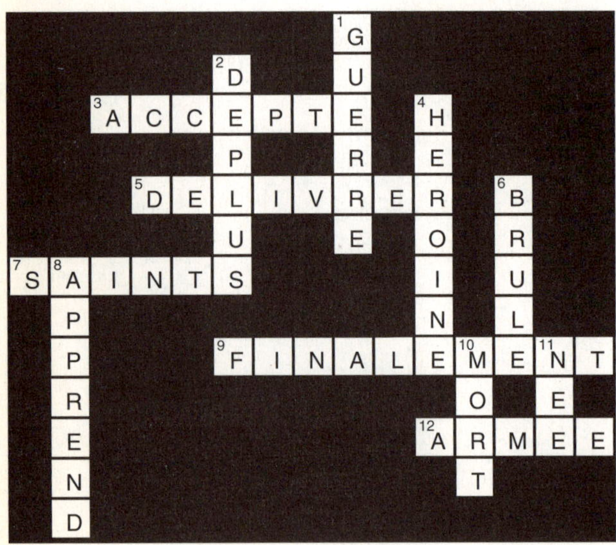

16 née, voix, finalement, armée, délivré, brûlée, morte, sainte, héroïne

17 1. Je regardais la télé quand papa est rentré.
2. Maman préparait le dîner quand papa est rentré.
3. Mon copain et moi, nous jouions aux jeux vidéo quand papa est rentré.
4. Tu faisais le ménage quand papa est rentré.
5. Étienne mettait la table quand papa est rentré.
6. Nathalie et toi, vous enleviez la poussière quand papa est rentré.

18 1. Mon frère et moi, nous avons voyagé au Canada quand nous étions petits.
2. Marie a reçu un nouveau vélo quand elle était petite.
3. Louis et toi, vous avez acheté des bandes dessinées quand vous étiez petits.
4. J'ai rendu visite à ma tante quand j'étais petit(e).
5. Christine et Delphine ont visité Orlando quand elles étaient petites.
6. Tu as lu *The Complete Tales of Winne-the-Pooh* quand tu étais petit(e).
7. Jean-Christophe a fait la connaissance de Luc quand il était petit.
8. Édouard et Salim ont appris à faire du roller quand ils étaient petits.

19 1. Chloé devait repasser sa chemise. Donc, elle a utilisé le fer à repasser.
2. J'étais fatigué(e). Donc, j'ai dormi.
3. Tu avais un rhume. Donc, tu as pris un mouchoir.
4. Malick et moi, nous étions en retard. Donc, nous nous sommes dépêchés.
5. Alexandre et Jean-François avaient froid. Donc, ils ont mis un pull.
6. Christophe avait mal à la gorge. Donc, il a bu du thé au citron.
7. Thibault et toi, vous aviez chaud. Donc, vous avez nagé.
8. Anne et Sandrine devaient arroser les plantes. Donc, elles sont allées dans le jardin.

20
1. faisait
2. ai fait
3. sommes allées
4. était
5. espéraient
6. rentrait
7. mangions
8. est arrivé
9. dansait
10. s'amusait
11. étais
12. as fait
13. êtes sortis

21
1. était
2. était
3. aimait
4. a appris
5. habitait
6. était
7. avait
8. était
9. avait
10. a délivré
11. est mort
12. assistait

Leçon C

22
1. polie
2. amusante
3. sérieux
4. actif
5. courageux
6. poli
7. sérieuse
8. courageuse
9. amusant
10. active

23

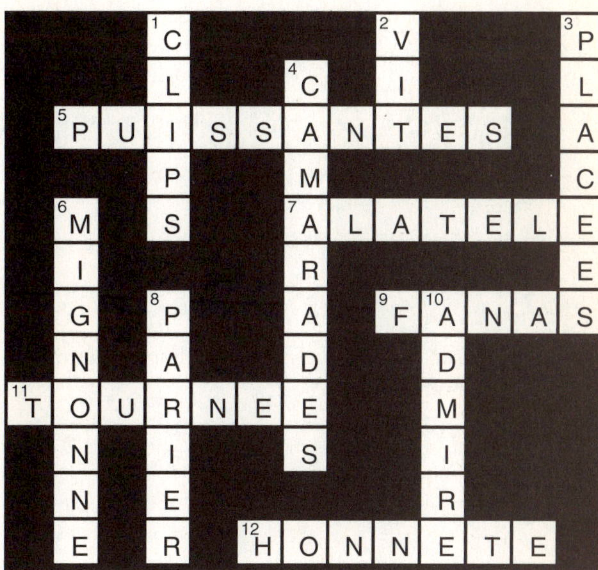

24
1. Je vis aux États-Unis.
2. Elle vit en France.
3. Nous vivons au Canada.
4. Tu vis à la Guadeloupe.
5. Il vit en Tunisie.
6. Elles vivent au Maroc.
7. Vous vivez à la Martinique.
8. Ils vivent au Sénégal.

25
1. Il a vécu au dix-neuvième siècle.
2. Il a vécu au dix-septième siècle.
3. Il a vécu au dix-neuvième siècle.
4. Elle a vécu au quinzième siècle.
5. Il a vécu au vingtième siècle.
6. Il a vécu au seizième siècle.
7. Elle a vécu au dix-huitième siècle.
8. Il a vécu au dix-neuvième siècle.

26 1. On y va pour danser. On n'y va pas pour manger.

2. On y va quand on voyage en avion. On n'y va pas quand on voyage en train.

3. On n'y va pas quand on a besoin de bœuf. On y va quand on a besoin de pain.

4. On n'y va pas en hiver. On y va en été.

5. On y va quand on a soif. On n'y va pas quand on veut nager.

6. On n'y va pas quand on veut skier. On y va quand on veut faire du shopping.

7. On y va le dimanche. On n'y va pas le mercredi.

8. On n'y va pas quand on veut des aérogrammes. On y va quand on veut de l'argent liquide.

27 1. Non, il n'y reste pas.

2. Non, vous n'y mangez pas.

3. Oui, tu y vas dimanche.

4. Non, elle n'y va pas en taxi.

5. Oui, ils y vont en métro.

6. Non, nous n'y louons pas de voiture.

7. Oui, j'y vais.

8. Oui, elles y piqueniquent.

28 Answers will vary.

Unité 10

Leçon A

1 1. Ils sont haïtiens.

2. Elle est malgache.

3. Il est guyanais.

4. Ils sont tahitiens.

5. Elles sont monégasques.

6. Elle est camerounaise.

7. Ils sont martiniquais.

8. Elles sont guadeloupéennes.

2

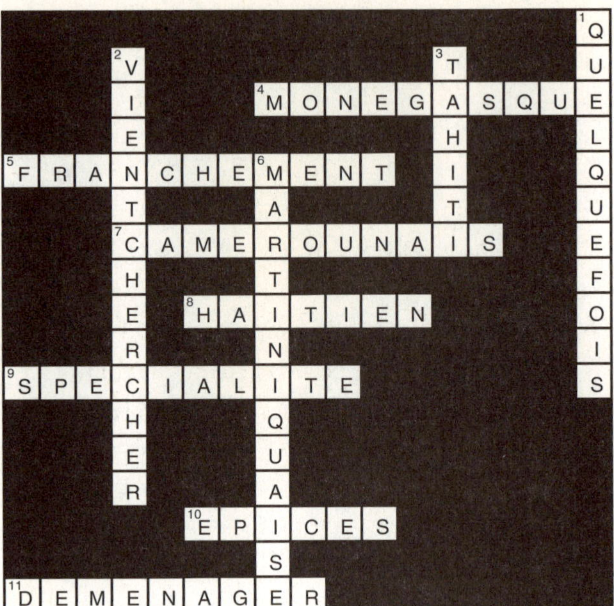

3 1. J'aimerais être pilote.

2. Elles aimeraient être écrivains.

3. Tu aimerais être professeur.

4. Il aimerait être ouvrier.

5. Vous aimeriez être chercheur/chercheuse.

6. Nous aimerions être athlètes.

7. Elle aimerait être femme politique.

8. Ils aimeraient être vétérinaires.

4 1. Qu'est-ce que tu achèterais?

2. Où est-ce que tu la mettrais?

3. Quand est-ce que tu lui rendrais visite?

4. À qui est-ce que tu téléphonerais?

5. Qui est-ce que tu inviterais?

6. Comment est-ce que tu voyagerais?

7. Dans quelle ville est-ce que tu resterais?

8. Quand est-ce que tu rentrerais?

5
1. Nous rendrions visite à notre grand-mère.
2. J'écrirais à ma correspondante tous les mois.
3. Tu finirais tes devoirs de français.
4. Marie et Jacques ne parleraient pas trop en classe.
5. Sylvie jouerait avec les enfants qu'elle garde.
6. Abdoul et toi, vous aideriez vos amis.
7. Jérôme ne parierait pas au casino.
8. Zakia et Mireille ne boiraient pas trop.

6
1. Vous ne devriez pas vous inquiéter.
2. Je devrais boire beaucoup de jus de fruit.
3. On devrait préparer des légumes frais.
4. Nous devrions prendre huit verres d'eau par jour.
5. Ils devraient dormir huit heures par jour.
6. Tu devrais faire du sport.
7. Elle devrait prendre rendez-vous avec son médecin tous les ans.
8. Elles devraient marcher une demi-heure par jour.

7 Answers will vary.

8
1. Je serais journaliste. J'écrirais des articles pour *Madame Figaro*.
2. Thomas deviendrait homme politique. Il aiderait les gens pauvres.
3. Tu serais chef. Tu ouvrirais un restaurant.
4. Xavier et Laure vivraient à la campagne. Ils feraient du cheval tous les jours.
5. Julie et moi, nous verrions le monde. Nous ferions de la voile.
6. Julien et toi, vous apprendriez à jouer du synthé. Vous iriez en tournée aux États-Unis.
7. Suzanne et Gabrielle déménageraient à Tahiti. Elles recevraient leurs amis pendant leurs vacances.

9 Possible answers:
1. viendrais
2. enverrions
3. saurais
4. devraient
5. verrait
6. voudraient
7. faudrait
8. pourriez

10
1. Est-ce que je pourrais régler?
2. Je voudrais t'inviter au café.
3. Il faudrait téléphoner au dentiste.
4. Vous devriez mettre la table.
5. Vous voudriez prendre la spécialité du jour?
6. Il faudrait attendre.
7. Tu devrais faire la vaisselle.
8. Pourriez-vous faire une réservation?

11
1. naturelle, naturellement
2. finale, finalement
3. franche, franchement
4. heureuse, heureusement
5. rapide, rapidement
6. sérieuse, sérieusement

12 Possible answers:
1. J'ai enfin déménagé à Tahiti.
2. Naturellement, je n'ai pas d'amis.
3. J'aime beaucoup ma nouvelle école.
4. Coralie m'a même invitée à la cantine.
5. Je ne connais pas bien la cuisine tahitienne.
6. Quelquefois il faut faire un effort.
7. Ce soir Coralie va me téléphoner.
8. Finalement, j'ai une amie!

13
1. Nous avons souvent regardé des clips ensemble.
2. J'ai déjà goûté la cuisine martiniquaise.
3. Ils ont bien profité des vacances.
4. Tu as mal dormi sur la plage malgache.
5. Il est fatigué parce qu'il a trop travaillé hier.
6. Elles ont beaucoup aimé la comédie.
7. Vous avez toujours bu du thé le matin.
8. Il a même fait la connaissance du roi.

14 Possible answers:

1. Ils étudient sérieusement.
2. Vous leur parlez lentement.
3. Il leur parle poliment.
4. Ils leur parlent franchement.
5. Nous nous habillons élégamment quand nous allons au bal.
6. On lui parle simplement.
7. Il y va rapidement.
8. Je les aide généreusement.

Leçon B

15
1. Europe
2. Amérique du Nord
3. Afrique
4. Amérique du Sud
5. Asie
6. Australie

16
1. asiatique
2. européen
3. asiatique
4. américaine
5. africaine
6. australien
7. européenne
8. australienne
9. américain
10. africain

17
1. possibilité
2. À ta place
3. gratuit
4. réussi
5. culture
6. exotiques
7. Heureusement

18
1. Le bus va moins vite au centre commercial que la voiture.
2. Claudine parle aussi franchement de sa vie que Sophie.
3. Albert joue plus sérieusement au tennis qu'André.
4. Delphine se lève aussi tard qu'Olivier.
5. Robert va moins souvent à la piscine que Sandrine.
6. Tu te couches plus tôt que moi.
7. Nous dansons aussi mal que Bertrand.
8. Je cours moins vite que vous.

19
1. plus   2. mieux   3. moins   4. moins
5. plus   6. mieux   7. mieux   8. moins

20
1. plus souvent
2. mieux
3. aussi sérieusement
4. moins tard
5. plus
6. plus souvent
7. moins tôt
8. moins bien

Leçon C

21
1. La Manche
2. la mer des Antilles
3. la mer Méditerranée
4. l'océan Indien
5. l'océan Pacifique
6. L'océan Atlantique
7. la mer du Nord

22

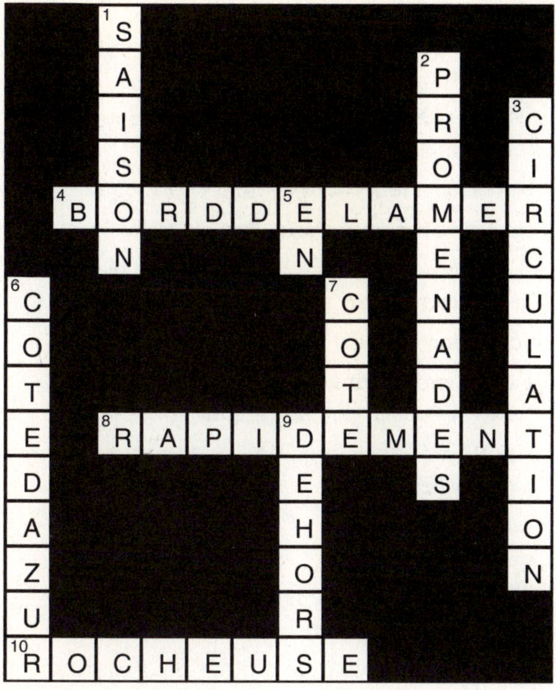

23 Possible answers:

1. Vous pouvez en trouver à la boulangerie.
2. Vous pouvez en trouver à la charcuterie.
3. Vous pouvez en trouver à la pâtisserie.
4. Vous pouvez en trouver au bureau de change.
5. Vous pouvez en trouver à la crémerie.
6. Vous pouvez en trouver au tabac.
7. Vous pouvez en trouver au marché.
8. Vous pouvez en trouver à la boucherie.

24 Answers will vary.

25 1. Oui, il en a deux.
2. Oui, elles en ont dix.
3. Oui, j'en ai trois.
4. Oui, nous en avons douze.
5. Oui, il en a un.
6. Oui, tu en as une./Vous en avez une.
7. Oui, j'en ai quatre.
8. Oui, ils en ont vingt.

26 1. Oui, j'en ai acheté.
2. Non, elle n'en a pas préparé.
3. Oui, vous en avez écrit.
4. Non, tu n'en as pas pris.
5. Oui, ils en ont préparé.
6. Non, je n'en ai pas mis.
7. Oui, il en a acheté.
8. Non, elles n'en ont pas choisi.

27 Answers will vary.

28 1. Marie-José Pérec est l'athlète qui court le plus vite.
2. Jean-Marie Le Pen est l'homme politique qui parle le plus fort.
3. Janet Jackson est la chanteuse qui danse le mieux.
4. M. Ahmed est le chauffeur de taxi qui va le plus vite.
5. Isabelle Adjani est l'actrice qui joue le mieux.
6. Mlle Maurin est le pompier qui travaille le plus sérieusement.
7. M. Chesnot est le pilote qui va le plus loin.
8. L'oiseau est l'animal qui mange le moins.

29 Answers will vary.

Unité 11

Leçon A

1
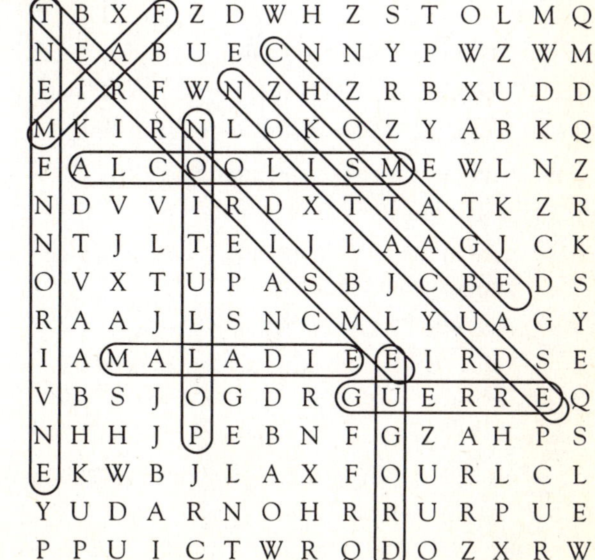

2

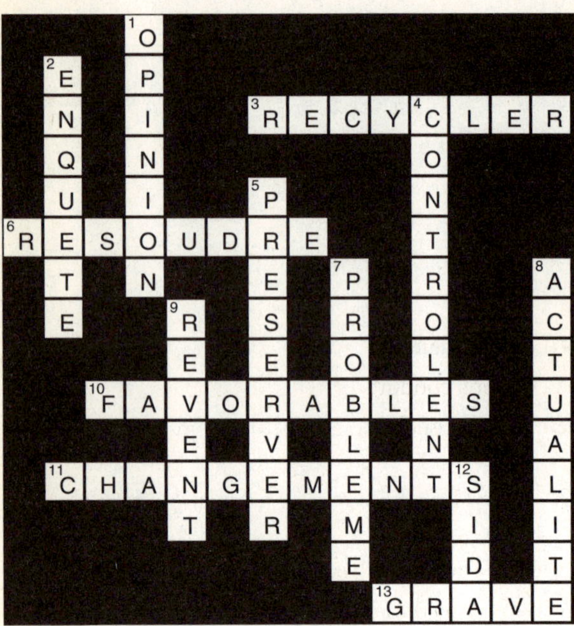

3 Answers will vary.

4 1. Tu apprends à faire de la voile.
2. Il apprend à envoyer des e-mails.
3. Nous apprenons à parler français.
4. J'apprends à nager.
5. Vous apprenez à réussir au bac.
6. Elles apprennent à skier.
7. Elle apprend à préparer des plats.
8. Ils apprennent à jouer au foot.

5 1. Marc l'invite à prendre un coca au café.
2. Diane et Sabine l'invitent à venir à la boum.
3. Nous l'invitons à assister au concert de rock.
4. Tu l'invites à faire une promenade en bateau.
5. Je l'invite à visiter le musée.
6. Alexandre et Bernard l'invitent à faire une promenade dans le parc.
7. Marielle l'invite à aller en ville.
8. Vous l'invitez à passer les vacances sur la côte d'Azur.

6 1. Ils disent à leurs enfants de nourrir le chat deux fois par jour.
2. Ils disent à leurs enfants d'enlever la poussière dans le salon.
3. Ils disent à leurs enfants de faire la vaisselle chaque jour.
4. Ils disent à leurs enfants de recycler les boîtes et les bouteilles.
5. Ils disent à leurs enfants de faire les devoirs tous les soirs.
6. Ils disent à leurs enfants de passer l'aspirateur.
7. Ils disent à leurs enfants de faire la lessive.
8. Ils disent à leurs enfants d'arroser les plantes et les fleurs.

7 1. J'ai décidé d'aller à Cannes. Je vais assister au Festival International du Film.
2. Daniel a décidé d'aller à Chartres. Il va visiter la cathédrale.
3. Tu as décidé d'aller à Paris. Tu va voir les tableaux au Louvre.
4. Vous avez décidé d'aller à Étretat. Vous allez admirer la côte rocheuse de la Manche.
5. M. et Mme Vercambre ont décidé d'aller à Tahiti. Ils vont prendre du soleil.
6. Nous avons décidé d'aller à Blois. Nous allons visiter les châteaux de la Loire.
7. Marie-Alix a décidé d'aller à Monte-Carlo. Elle va parier au casino.
8. Les filles ont décidé d'aller à Genève. Elles vont faire du ski nautique sur le lac Léman.

8 1. Il aide ses amis à faire leurs corvées.
2. Il n'apprend pas à recycler.
3. Elle ne décide pas de faire ses devoirs.
4. Il rêve de devenir pompier.
5. Elle n'arrête pas de téléphoner.
6. Il commence à travailler.
7. Elle ne s'amuse pas à faire du shopping.
8. Il se dépêche d'aller au travail.

9 1. Apprenez à nager!
2. Décidez de faire de l'aérobic!
3. Arrêtez de boire du café!
4. Commencez à manger du poulet et du poisson!
5. Continuez à boire huit verres d'eau par jour!
6. Invitez vos amies à faire des promenades!
7. Rêvez de manger moins de desserts!
8. Amusez-vous à faire des jus de fruit frais!

10 1. Je réussis à résoudre mon problème.
    2. Nous finissons de faire une enquête.
    3. Nous voulons aider les sans-abri.
    4. L'infirmière continue à aider les gens qui ont le SIDA.
    5. On demande d'arrêter la pollution.
    6. Ce pays va contrôler l'énergie nucléaire.
    7. Vous rêvez de voir un changement favorable dans la vie des gens qui ont faim.
    8. Tu commences à recycler les journaux.
    9. Tout le monde doit préserver l'environnement.

11 1. à 2. X 3. d' 4. à 5. de 6. à 7. X 8. de 9. X

Leçon B

12

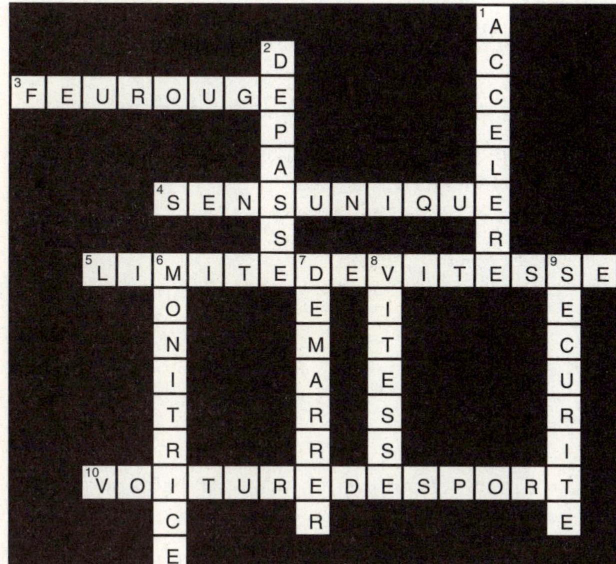

13 1. minivan
    2. la décapotable
    3. un permis de conduire
    4. doubler
    5. le feu orange
    6. camion

14 1. conduisons   2. conduis
    3. conduit   4. conduisent
    5. conduit   6. conduis
    7. conduisez   8. conduisent

15 1. Elle conduit en ville.
    2. Nous conduisons en ville.
    3. Je conduis à la campagne.
    4. Il conduit en ville.
    5. Tu conduis à la campagne.
    6. Vous conduisez à la campagne.
    7. Ils conduisent en ville.
    8. Elles conduisent en ville.

16 1. ai conduit
    2. avons conduit
    3. Avez, conduit
    4. as conduit
    5. ont, conduit
    6. a conduit
    7. a conduit
    8. ont conduit

17 1. François a conduit la voiture de sa mère.
    2. J'ai mal conduit.
    3. M. et Mme Bayard ont conduit une nouvelle voiture.
    4. Agnès a conduit un minivan vert.
    5. Tu as conduit une décapotable noire.
    6. M. Noiret a conduit un grand camion.
    7. Nous avons conduit avec une monitrice.
    8. Vous avez bien conduit.

18 1. Vous suivez un cours d'histoire.
    2. Je suis un cours de philosophie.
    3. Il suit un cours de maths.
    4. Tu suis un cours de géographie.
    5. Nous suivons un cours d'informatique.
    6. Ils suivent un cours de biologie.
    7. Elle suit un cours d'anglais.
    8. Ils suivent un cours de théâtre.

19 1. avez suivi   2. a, suivi
    3. ai suivi   4. a suivi
    5. ont suivi   6. as suivi
    7. avons suivi   8. ont, suivi

Leçon C

20 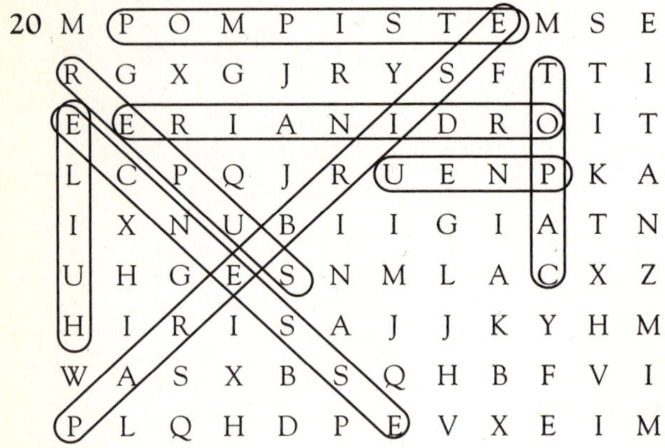

21 1. roule   2. presque
    3. tombé en panne   4. une station-service
    5. plomb   6. consomme
    7. Faites le plein

22

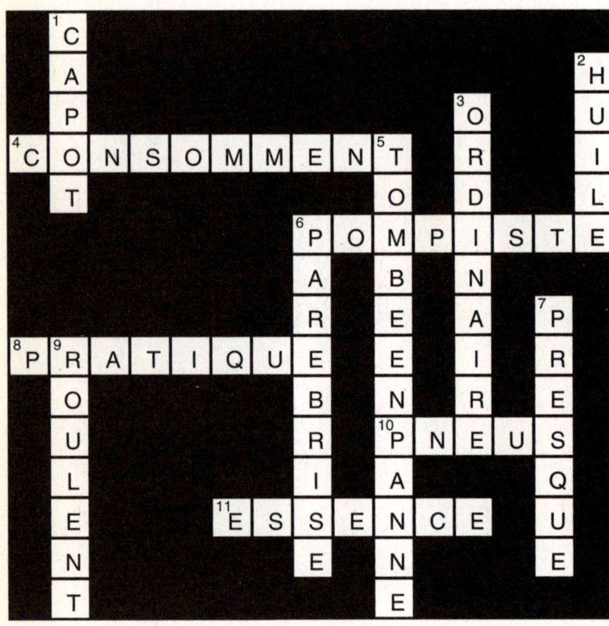

23 1. Si tu gagnais à la loterie, tu vivrais en Floride.
2. Si nous gagnions à la loterie, nous mangerions dans un restaurant français.
3. Si Chantal gagnait à la loterie, elle achèterait une décapotable.
4. Si Luc et Jean-Claude gagnaient à la loterie, ils iraient à Disneyland Paris.
5. Si vous gagniez à la loterie, vous partiriez pour l'Afrique.
6. Si je gagnais à la loterie, je donnerais de l'argent aux sans-abri.
7. Si Olivier gagnait à la loterie, il passerait un mois à Tahiti.
8. Si Suzanne et Magali gagnaient à la loterie, elles verraient les États-Unis.

24 1. voyageais, parlerais
2. parlerions, voyagions
3. parlerait, voyageait
4. voyageais, parlerais
5. parleraient, voyageaient
6. voyagiez, parleriez

25 1. Si j'étais riche, j'achèterais un château.
2. Si j'allais au cinéma, je verrais un film d'épouvante.
3. Si j'avais faim, je mangerais du saumon à la sauce hollandaise.
4. Si j'avais soif, je boirais du jus de raisin.
5. Si je tombais en panne, je téléphonerais à une station-service.
6. Si je recevais un billet d'avion gratuit, j'irais au Québec.
7. Si je conduisais, je serais une bonne conductrice.
8. Si je faisais du sport, je jouerais au basket.

26 1. Si Marcel était pilote, il voyagerait en Asie.
2. Si nous étions ouvriers, nous travaillerions avec nos mains.
3. Si j'étais pompiste, je vérifierais l'huile.
4. Si tu étais maire, tu aiderais les sans-abri.
5. Si Nathalie et Véro étaient chefs, elles prépareraient des plats superbes.
6. Si Mlle Lentini était secrétaire, elle prendrait des messages.
7. Si vous étiez athlète, vous feriez de la gym.
8. Si les garçons étaient écrivains, ils écriraient des romans.

27 Answers will vary.

Notes

Notes

Notes

Notes

Notes

Notes

Notes

Notes

Notes

Notes